W0314555

Für Janine, Maël, Heidi, Minik und Malik
J.L.

Für Nicolas und Frédéric – in Liebe
Ph.B.

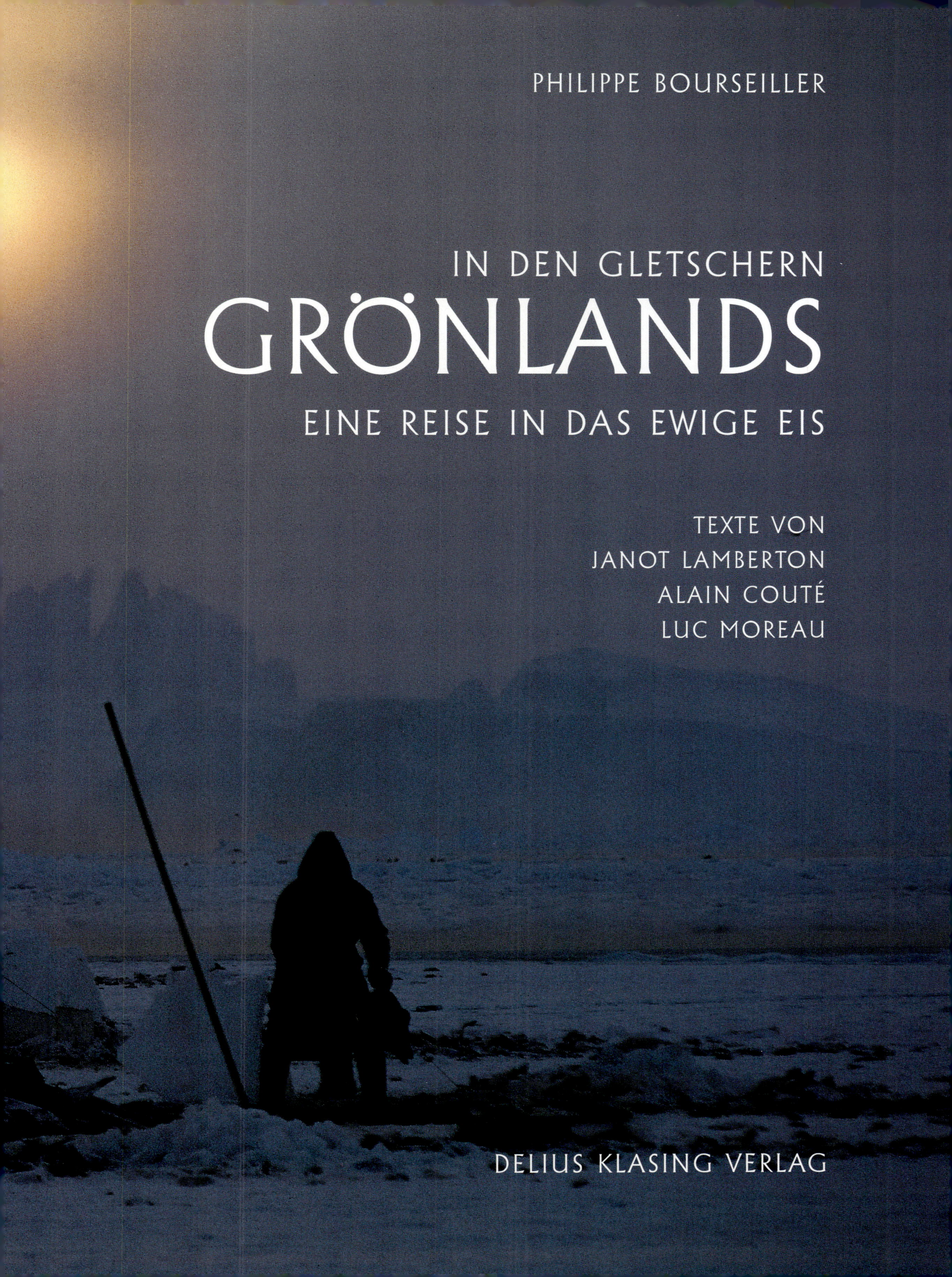

PHILIPPE BOURSEILLER

IN DEN GLETSCHERN

GRÖNLANDS

EINE REISE IN DAS EWIGE EIS

TEXTE VON
JANOT LAMBERTON
ALAIN COUTÉ
LUC MOREAU

DELIUS KLASING VERLAG

Mein Grönland

Von Janot Lamberton

Die Familie Lamberton: Janot, Janine und ihr Sohn Maël bilden den Kern der Expeditionen auf das Inlandeis.

Verliebt ins Eis

Als der Zweite Weltkrieg in Berlin zu Ende ging, wurde ich in der französischen Landschaft Vercors geboren. Die damalige Situation war mit bestimmend für die Wahl meiner ersten Leidenschaft, der Höhlenforschung. Für einen Jungen aus La Chapelle-en-Vercors, der in der Schule nicht gerade glänzt, bleibt Sport der schönste Zeitvertreib. So widme ich mich im Winter dem Skilauf, und in den drei restlichen Jahreszeiten steige ich unter die Erde. Genauer gesagt: Ich steige ins Innere des Urgonkalks, der den größten Teil des Massif du Vercors bildet. Regenwasser hat ihn durchlöchert wie einen Ameisenhaufen, und hier gibt es Tausende von Höhlen, Trichtern, Brunnen, Schlünden und Strudeln.

Ein bisschen zum Nachteil meiner Schulleistung mache ich meine ersten Erfahrungen, zusammen mit einem Volkschullehrer, der sich ebenfalls für Höhlenkunde begeistert, und dann auch zusammen mit Mitgliedern eines örtlichen Klubs. Von denen hatte ein junger Mann bei der Erforschung der Gouffre Berger teilgenommen, was ihnen damals den Tiefenweltrekord eingetragen hatte. Der Motor meiner Leidenschaft sind die Entdeckerfreude und das Privileg, an Orten herumzustöbern, die bisher kaum ein Mensch betreten hat. Ich stoße dabei auf Knochen von Höhlenbären und auch nicht selten auf Waffenverstecke der französischen Widerstandskämpfer. Zu meinen sonstigen Spielsachen kommen somit Maschinenpistolen und Handgranaten ... Natürlich wussten meine Eltern von nichts.

Jedes Mal wenn ich mich in eine Höhle vorwage, ist das gleiche reine und intensive Gefühl da. Immer wieder neu. Dazu kommt gerade jenes kleine Quäntchen Angst,

Vorhergehende Seiten:

Im Sommer ist die Disko Bay voller Eisberge und Bruchstücke des Packeises, die die Meeresströmung zu den Küsten Labradors treibt.

Von Oktober bis Ende Mai können die grönländischen Inuit mit ihren Schlitten auf dem Packeis vorwärts kommen. Um Umweltprobleme zu vermeiden, ist die Benutzung von Motorschlitten stark eingeschränkt.

Den ganzen Winter über sind bei –40 °C auf dem Packeis Fischer der Inuit anzutreffen. Sie bohren Löcher ins Eis und angeln mit Leinen, die über 400 Meter lang sind.

das die Spannung erhöht. Wie eine herumstreunende Katze kann ich mich dank meines schlanken Jungenkörpers, der noch im Wachstum begriffen ist, durch enge Spalten winden. Ich steige durch senkrechte Trichter ab und lerne es dabei nach und nach, mit dem Arbeitsgerät des professionellen Speläologen umzugehen.

Im Alter von 7 bis 20 Jahren besuche und entdecke ich über 3000 Höhlen, Trichter und Gänge. Nach einigen Intermezzi arbeite ich bei der Fassung von Quellwasser oder unterirdischem Flusswasser. Damit werden Dörfer oder Skistationen versorgt. Ich kann also noch mehr im Untergrund der Hochebene des Vercors herumstreunen, in Siphonen hinabtauchen und im Höhlenlehm kriechen, um Sprengladungen anzubringen. Schließlich helfe ich mit, eine hübsche Höhle zugänglich zu machen, die einen Katarakt von 14 Meter hohen Stalaktiten aufweist, die Draye Blanche. Im Winter arbeite ich als Skilehrer. Zusätzlich werde ich Höhlenführer und Höhlenretter. Das bringt mir internationales Renommée ein. Man ernennt mich zum Leiter des Maison du Parc du Vercors. In dieser Funktion rufe ich das Festival des Höhlenfilms ins Leben, das schließlich bis zu zehntausend Besucher pro Woche anzieht.

Hier lässt mich das Schicksal mit Haroun Tazieff zusammentreffen. Er erzählt mir begeistert von anderen Höhlen, nämlich unter dem Eis. Er kommt gerade vom Vulkan Erebus in der Antarktis zurück und hat die Augen noch voll von weißen und blauen Schichten, von Dünen aus gefrorenem Schnee, von makellosen Spalten. Er fordert mich auf, ein neues Arbeitsgebiet in Angriff zu nehmen. Kann ich die Kalke des Urgon im Vercors aufgeben, um mich den Gletschern und den Eiskappen der Erde zu widmen?

Die Begegnung mit dem Alpinisten Jean-Marc Boivin macht es mir möglich, den Vorschlag von Haroun Tazieff in die Tat umzusetzen. Auf dem Gletscher Mer de Glace bei Chamonix steigen wir in die Mühle ab, die vom Schmelzwasser gegraben wird. Dieses Schmelzwasser speist Bäche und Flüsse. Die Schmelzwasserrinnen gestalten die Oberfläche des Eises, bevor sie in der Gletschermühle verschwinden. Manchmal nimmt das Schmelzwasser einen merkwürdigen Verlauf, der durchaus an die Kalkgänge im Vercors erinnert. Schließlich erscheint es bei der Gletscherzunge wieder an der Erdoberfläche. Wir verbinden unsere gegenseitigen Spezialkenntnisse. Zwischen uns herrscht sofort eine außergewöhnliche Komplizenschaft und sogar ein gewisse Rivalität, was das eigene Spezialfach anbelangt. Wir beide wissen, dass man mit der Natur nicht schummeln kann. Es sind eine gewisse Klarsicht und eine intensive Vorbereitung notwendig, wenn man Risiken auf sich nehmen und überleben will. Erst auf dem Glacier des Bossons und dann auf der Mer de Glace zeigte sich, dass sich Speläologie und Alpinismus gegenseitig ergänzen. Nach und nach tauschen wir unsere Erfahrungen und unser Wissen aus.

Schließlich führt mich Jean-Marc zur Gletschermühle der Mer de Glace. Es ist der September des Jahres 1986 und genau der Augenblick, in dem die Schmelzwasserrinnen versiegen und dem Eis Platz machen, das die Mühle wieder verschließt. Wir zögern. Können wir uns wirklich in diesen sechs bis sieben Meter breiten Schacht wagen? Ich versuche es. Ich steige ungefähr 20 Meter ab und versuche die Tiefe des weißen Schlundes zu bestimmen, indem ich Eisstückchen von der Wand losschlage und hinunterfallen lasse. Zögernd steige ich wieder hoch. Jean-Marc Boivin will es genau wissen. Um welche Tiefe handelt es sich schätzungsweise? Ich stottere: »Zwischen 70 und 100 Meter...«

Und das ist er nun, der Auslöser. Endlich realisiere ich, was ich ihm gerade gesagt habe. Wir stürzen uns in die Mühle. Wir sichern uns gegenseitig beim Abstieg, verankern uns mit Eisschrauben, suchen durch Pendelbewegungen eine andere Vertikale, während die Acetylenlampen sich hundertfach an den Wänden spiegeln. Wir setzen unsere Technik, unsere Begeisterung und unsere Kraft ein, um diese unbekannte Höhle zu erobern. Und ohne uns zunächst darüber klar zu werden, schlagen wir den Tiefenrekord, den Fontaine und Vallot im Jahr 1887 mit 55 Metern aufstellten. Wir dringen doppelt so tief ein wie diese Vorläufer, die damals Strickleitern verwendeten.

Aus der Skulptur von Aka Hoegh und dem Gesicht dieser Inuitfrau spricht dieselbe Heiterkeit des Herzens.

Die Inuit bauen ihre Kayaks aus einem Holzgerüst, das sie mit Seehundhaut überziehen. Sie sind extrem leicht und können auf Schlitten transportiert werden. Man verwendet sie in der Umgebung von Thule noch für die Jagd.

Im Süden Grönlands herrschen regelmäßig heftige Tiefdruckgebiete, die jeden Transport zu einem gefährlichen Unternehmen machen.

Dieser Abstieg wirkt wie ein Virus. Ich will nun mit Jean-Marc die Gletscher studieren, die Eiskappen, das Inlandeis ... 1987 und 1988 untersuche ich jedoch ohne ihn, aber im Rahmen eines Forschungsvorhabens erneut die Gletschermühle der Mer de Glace. Daran beteiligt sind das Laboratoire de glaciologie et géophysique de l'environnement (LGGE) in Grenoble, ein Zweig des französischen Forschungszentrums, sowie Louis Reynaud. Meine Unternehmungen begeistern die Wissenschaftler. Sie wollen wissen, wie das Eis mit zunehmender Tiefe aussieht, wie alt es ist, was es in seinen Schichten enthält, etwa Hinweise auf Umweltverschmutzung und das Klima vergangener Zeiten ...

Diese Arbeiten verändern die Betrachtungsweise des Sportlers, der ich nun mal bin. Ich merke, dass ich nicht mehr das Recht habe, eine Expedition aus Alpinisten und Speläologen zusammenzustellen, ohne gleichzeitig auch einen oder zwei Wissenschaftler dazu einzuladen. Sie müssen freilich die Reise und den Aufenthalt selbst finanzieren.

Im Vercors lässt sich das alles nicht durchführen. Hier stoßen die Forscher gelegentlich auf neue Höhlen, gelegentlich auf wunderschöne Labyrinthe aus Stalagmiten und Stalaktiten oder auf unterirdische Wasserfälle. Das Eis hingegen verlangt Spezialisten, die es aushorchen und zum Erzählen bringen. Das Schicksal nimmt nun den Namen von Gaston Rouillon an. Er war früher der Leiter der französischen Polarexpeditionen. In der Presse liest er von meinen Unternehmungen. Er fordert mich zu einem Besuch auf und überzeugt mich mit Dokumenten und Zeugenaussagen, dass Grönland die richtige Stelle für mich ist. Hier gibt es Tausende von Gletschermühlen, und hier sind die Schmelzwasserrinnen nach französischen Flüssen benannt. Auf dem Inlandeis oder Inlandsis ist noch alles zu erforschen.

Die Eiskappe Grönlands ist an gewissen Stellen über 3000 Meter dick. Es geht nicht darum, in der großen Höhe zu arbeiten, sondern in rund tausend Metern, wo die Dicke der Eisschicht fast 200 000 Jahre Geschichte repräsentiert. Nachdem ich mit Jean-Marc Boivin die Dokumente von Gaston Rouillon studiert habe, stellen wir eine Mannschaft aus Speläologen, Alpinisten, einem Hydrogeologen, zwei Fotografen und drei Filmleuten zusammen. Unsere erste Begegnung mit Grönland findet in der Baie de Quervain (Quervain Bay) Ende August 1989 statt. Die Hütte der französischen Polarexpeditionen ist nach 42 Jahren immer noch vorhanden. Sie dient uns als Basis. Wir wollen den mächtigen Bach und das 30 Meter breite Tor des Gletschers Tupilaq Suloq erforschen.

Das ist eine gefährliche Aufgabe. Der Bach, den der Gletscher auf dieser größten Insel der Welt freigibt, hat eine Schüttung von 5 Kubikmetern pro Sekunde. Wir waten im Wasser dieses Tunnels und bewegen uns mit Hilfe von Skistöcken vorwärts. Von den Tunnelwänden brechen mit beeindruckendem Knall Eisblöcke los: Dabei befreien sich seit Jahren oder sogar Jahrhunderten eingeschlossene Luftblasen, die in dieser Zeit sehr stark komprimiert wurden. Die Strömung transportiert große Blöcke, die unter dem Licht unserer Acetylenlampen wie enorme Augen von Tieren aufleuchten, die sich auf uns stürzen wollen.

In dieser unglaublichen Umgebung dringen wir Seite an Seite in den Gletscher ein. Ohne uns im geringsten abgestimmt zu haben, bleiben wir im selben Sekundenbruchteil stehen. Uns streift dieselbe Empfindung für eine Gefahr, wie durch Telepathie. Wir kehren um. Draußen sind die restlichen Expeditionsteilnehmer voller Unruhe. Wir haben 1400 Meter im Inneren des Gletscherbaches zurückgelegt. Das ist Weltrekord. Doch nun warten die Gletschermühlen des Inlandeises, der Eiskappe Grönlands, auf uns. Wir sind bereit.

In den Tiefen der Gletschermühlen

Zu Ende August 1989 bringt uns ein großer rotweißer Hubschrauber auf das Inlandeis. Wir sind elf, haben eine Tonne Material, doch nur wenig Geld. Das ist der Grund, warum wir uns keinen Erkundungsflug leisten können. Der Hubschrauber steigt von Illulisat an der Disko Bay auf und fliegt

Folgende Seiten:

Dieser Gletscher kalbt in den Kangafjord. Seine Wände sind rund 100 Meter hoch. An dieser Stelle erreicht der Gletscher eine Geschwindigkeit von 30 Metern pro Tag.

Diese Galerien wurden mehrfach erforscht. Das Fortkommen im Inneren wurde aber durch das heftige Schmelzwasser und durch Einbrüche der Galeriedecke extrem erschwert.

Jean-Marc Boivin beobachtet übereinanderliegende Eisblätter, die die Decke einer Galerie bilden.

ostwärts. Der Pilot hat den Auftrag zu landen, sobald er eine Gletschermühle sieht, und uns nach vier Wochen wieder abzuholen.

Der Ort, den er wählt, ist nicht ideal. Die Gletschermühle ist weit vom Camp entfernt, und das Eis hat keine einheitliche Oberfläche. Es ist vielmehr durchlöchert, von Spalten und Tälern durchzogen. Die Schmelzwasserrinnen bilden hier schreckliche Gräben. Alte, fossile Gletschermühlen, die nicht mehr vom Schmelzwasser gespeist werden, erscheinen uns wie Fallen. Nach einigen Tagen finden wir eine Mühle, indem wir eher schlecht als recht einer Schmelzwasserrinne folgen. Ihr Durchmesser beträgt etwas mehr als sechs Meter. Wir müssen eine Kältewelle abwarten, die das stürmische Wasser versiegen lässt, bevor wir eindringen können. Schließlich bringt ein heftiger Blizzard die Temperaturen auf die –30 °C, die wir brauchen. Zwei Tage darauf beginnt die Erforschung der Gletschermühle. Jean-Marc Boivin und ich sind sehr aufgeregt.

Der Anfang der Gletschermühle erscheint wie eine gigantische Treppe. Dann folgt ein hübscher, senkrechter Abschnitt mit einem wassergefüllten Siphon am Ende. Wir steigen in einem völlig durchsichtigen weißen und blauen Zylinder ab. Auf den Wänden erzeugen unsere Acetylenlampen vielfältige Reflexe. Unten angekommen folgen uns die meisten Mitglieder der Expedition und sind ebenso aufgeregt wie wir. Wir befinden uns 125 Meter unter der Eisoberfläche. Der Weltrekord ist ein zweites Mal geschlagen.

Wir verbringen 14 Tage mit der Erforschung und Kartierung der Mühle. Dann folgt ein Schneesturm. Er zwingt uns, in unseren Zelten zu bleiben, die wir dauernd befestigen müssen. Das Rückflugdatum ist schon verstrichen. Wir haben praktisch nichts mehr zu essen. Eines Morgens hören wir nicht weit von uns entfernt den Lärm eines Rotors. Doch da der Blizzard eine zwei bis drei Meter hohe Schneeschicht abgelagert hat, kann uns der Pilot nicht sehen. Er fliegt zurück – leer.

Über Funk erfahre ich, dass der Hubschrauber ohne einen Hilferuf von unserer Seite nicht mehr zurückkehren wird. Denn der im Auftrag gegebene und bezahlte Flug wurde schon durchgeführt! Überdies bittet man uns, wenn möglich, eine Stelle fünf Kilometer weiter östlich aufzusuchen. Fünf italienische Wissenschaftler warten nämlich hier auf ihren Rückflug. Ich profitiere mit Jean-Marc Boivin von einer Wetterbesserung, um den Auftrag durchzuführen. Wir entdecken aber nur noch gefrorene Leichen. Die Italiener sind in der Kälte eingeschlafen – für immer.

Wir verbringen noch vier weitere Tage mit dem Schmelzen von Schnee und trinken literweise warmen Tee, denn Nahrung gibt es keine mehr. Um sehr schnell an Bord eines Hubschraubens gehen zu können, haben wir alle unsere Zelte abgebaut. Wir schlafen eng wie die Sardinen im größten Zelt, das ursprünglich der Logistik diente. Leider hat es keinen Boden. Schließlich kommt ein großer Sikorski-Hubschrauber in unserer Nähe. Unsere Familien und die französische Botschaft haben diesen zusätzlichen Rückflug bei den Dänen geordert. Zum üblichen Preis.

Der neue Weltrekord ist ein gutes Argument für die Sponsoren, und so bereiten wir für das Jahr 1990 unter besseren finanziellen Bedingungen eine neue Expedition vor. Leider kommt Jean-Marc Boivin am 17. Februar in Venezuela bei einem Unfall ums Leben. Bei Dreharbeiten für einen Fernsehbeitrag von Nicolas Hulot scheitert er beim Sprung vom höchsten Wasserfall der Erde, dem Salto Angel, weil sein Fallschirm zu spät aufgeht. Er hat mir oft gesagt, dass sein Beruf immer mehr russischem Roulette ähnlich sehe. Eines Tages würde das Schicksal gegen ihn entscheiden. Sein Tod macht mich traurig und gleichzeitig wütend. Warum so früh? Wir hätten noch viel miteinander teilen können.

So beginne ich mit schwerem Herzen die zweite Erforschung der Gletschermühlen des Inlandeises. Sie verläuft ohne größere Probleme. Selbst ein heftiger Sturm konnte uns nicht daran hindern, den Weltrekord mit 157 Metern zu brechen. Auf die Expedition des Jahres 1991 nehme ich meinen Sohn Maël mit. Er ist nun 16 Jahre alt und verfügt schon über eine mehrjährige Erfahrung im Bergsteigen und in der Höhlenforschung. Kaum sind wir auf dem Eisschild angekommen, tobt ein magnetisches Gewitter, das alle Kommu-

Luftaufnahme von Eisbergen. Auf dem Eisberg im Vordergrund befindet sich ein Mensch. Eisberge können bis hundert Meter über den Wasserspiegel hinausreichen, obwohl nur ein Achtel der Gesamtmasse überhaupt sichtbar wird.

Eisberge brauchen dreieinhalb Jahre, um die Hochsee zu erreichen. Sie ziehen dann entweder bis nach Neufundland, das 2000 km weit im Süden liegt, oder gegen den 42. Breitengrad noch weiter im Süden, wo 1912 die *Titanic* unterging.

nikationsmittel stört. In Frankreich ist man beunruhigt. Die vorgesehene tägliche Verbindung mit Europe 1 kommt nicht zustande, und niemand in Paris weiß warum. Trotzdem gelingt uns eine Kommunikation mit dänischen Jagdflugzeugen: Wir schreiben Nachrichten mit Riesenbuchstaben in den Schnee. Der Zwischenfall bleibt nicht ohne Auswirkungen. Die Medien sprechen immer mehr von uns. Haroun Tazieff nennt uns »Glazionauten«, und französische sowie ausländische Wissenschaftler interessieren sich für unsere Expeditionen. Einige folgen meiner Einladung und kommen zu Forschungen auf das Inlandeis. Ich stelle den Sport in den Dienst der Forschung – eine hübsche Revanche für mein Schwänzen der Schule in früher Jugend.

Im Jahr 1992 entsteht sozusagen der Clan Lamberton. Zu meinen Freunden Jean-Philippe Astruc, Serge Aviotte, den Fotografen Philippe Bourseiller und Arnaud de Wildenberg, dem Glaziologen Louis Reynaud, meinem Sohn Maël und einigen anderen stößt nun auch meine Frau Janine. Sie hält es nicht mehr aus, in meiner Abwesenheit auf Nachrichten zu warten, die dann doch nicht eintreffen. Als gute Sportlerin wird sie uns in Zukunft begleiten. In jenem Jahr versucht die Expedition, den dänischen Hydrologen zu helfen, die die Schmelzwasserrinnen und die aktiven sowie fossilen Gletschermühlen kartieren. Wir erforschen sechs davon, und Janine schlägt nebenbei den Weltrekord für Frauen, indem sie 120 Meter tief absteigt. 1992 ist im Wesentlichen ein Jahr der technischen Erforschung mit zahlreichen kartografischen Aufnahmen.

Im Jahr 1993 schließt sich die junge dänische Biologin Anette Grongaard an. Sie arbeitet an einer Dissertation, mit der sie beweisen will, dass es auf dem Eisschild tierisches Leben gibt, was die meisten Wissenschaftler bisher verneint haben. Für sie sterilisiert das Eis alles. Sie haben aber Unrecht. Der Wind trägt Staubteilchen und Pollenkörnen heran, die sich auf dem Schnee zu kleinen, ungefähr 20 Zentimeter großen Nestern zusammenballen. Sie schaffen dabei ein Milieu, in dem sich Bakterien, wirbellose Tiere und Algen aufhalten. Diese Ansammlungen von Lebewesen heißen Kryokonite. Sie beherbergen unter anderem auch winzige Tierchen, von denen später noch die Rede sein wird, die Bärtierchen.

Die Expeditionen auf dem Inlandeis sind mittlerweile international bekannt geworden, dies um so mehr, als ich am 11. September 1993 mit meinen Freunden Serge Aviotte, Jean-Philippe Astruc und meinem Sohn Maël die Tiefe von 173 Metern erreiche. Für diese Expeditionen trainieren wir uns dauernd, zum Beispiel durch einen Aufenthalt auf der Mer de Glace im Dezember. Dazu kommen Lufterkundungen im Juli, die es uns möglich machen, die interessantesten Stellen auf dem Inlandeis zu finden.

Trotzdem ist der Abstieg ins Eis nicht ohne Risiken. Wir kennen das Eis und unser Material und sind auf hohem Niveau sportlich trainiert. Das alles spricht für uns. Doch es bleiben die Überraschungen, die Unwägbarkeiten. Eine der heimtückischsten Gefahren verbirgt sich hinter dem physikalischen Begriff der Unterkühlung. Unterkühlt ist Wasser, dessen Temperatur unterhalb des Gefrierpunktes liegt, ohne zu erstarren. Es bleibt weiterhin flüssig. Durch geringste äußere Anlässe geht es aber schlagartig in festen Zustand über und wird zu Eis.

Wenn wir uns im Inneren einer Gletscherhöhle befinden, kann es sein, dass die Schmelzwasserrinne, die diese Mühle geformt hat, noch nicht vollständig versiegt ist. Ein Rinnsal aus unterkühltem Wasser zieht an den Wänden entlang. Dieses Wasser ist an sich nicht gefährlich. Bei einer Berührung verwandelt es sich in Eis, und das ist auch schon alles. Aber dieses Wasser kann auch in Form von Gischt vorkommen. Man atmet sie als flüssiges Wasser ein, doch im Kontakt mit dem menschlichen Körper verwandelt sie sich innerhalb eines Sekundenbruchteils in festes Eis. Dieses aber nimmt ein größeres Volumen ein, als die entsprechende Menge flüssigen Wassers. Eingeatmete Gischt kann somit schwere innere Blutungen verursachen, und wenn das Eis durch die Körperwärme schmilzt, bleibt das Wasser in den Lungen zurück, was zu Erstickungsanfällen führen kann.

Bei der Erforschung einer Gletschermühle lauert eine weitere Gefahr: Man will in zu enge Galerien ein-

Eisberge zeigen extrem vielfältige Formen, die sich unter der gemeinsamen Einwirkung von Wellen, Wind, Regen und Sonne auch dauernd verändern. Sie werden gleichzeitig poliert, angefressen und durchlöchert.

Auch Eisberge, die im Polarwinter im Treibeis feststecken, können sich jeden Augenblick umdrehen. Aus diesem Grund nähern sich die Inuit ihnen nur, wenn sie Süßwassereis brauchen.

Der Kangafjord ist 50 km lang und höchstens 12 km breit. Drei Gletscher des Inlandeises kalben hier. Der Kangafjord produziert im Schnitt 26 km Eis pro Jahr und ist damit der größte Eisbergproduzent der Nordhalbkugel.

dringen. Erst müssen wir aber eine Kältewelle abwarten. Nur wenn die Schmelzwasserrinne versiegt ist, können wir mit unseren Einstiegen beginnen. Durch die große Kälte schließt sich aber bisweilen auch die Gletschermühle. Ihre Wände rücken immer näher heran. Der Boden wird immer enger, und das kann sehr schnell geschehen. Man muss dabei den bedrückenden Gefühlen, eingeschlossen zu werden, Widerstand leisten, und das Verhalten des Eises durch Zeugen beobachten lassen. Niemand kennt in Wirklichkeit die Drücke, die im Inneren der Gletscher herrschen. Deswegen sind die Wissenschaftler an unseren Forschungen interessiert. Die Glazionauten stehen im Dienst der Glaziologen, die den erstgenannten wiederum die Welt des Eises erklären.

Mit einem schlagenden Beispiel zeigt mir der französische Glaziologe Louis Reynaud, dass man nicht immer sehr tief in einer Gletschermühle absteigen muss, um auf Jahrtausende altes Eis zu stoßen. Der Gletscher ist ein bisschen wie ein Windbeutel mit Schlagsahne. Wenn man auf die Mitte des Windbeutels einen Druck ausübt, tritt an den Seiten jene Schlagsahne aus, die sich am weitesten unten befunden hat. So geht es bisweilen auch mit den Gletschern. Der Druck in der Mitte führt dazu, dass sehr altes Eis an den Seiten austritt.

Angst ist unseren Expeditionen nie fremd, doch ich glaube, dass sie auch notwendig ist. Sie ist eine Art Droge, aus der man den größtmöglichen Nutzen ziehen sollte. Sie hält uns dauernd wach. Bei großer Gefahr verleiht sie uns beinahe übermenschliche Kräfte. Schon bei meinen kindlichen Höhlenerkundungen im Kalkmassiv des Vercors gehörte die Angst mit dazu. Für mich war sie lebensnotwendig. Sie nährt den Motor meiner Wünsche.

Bei der Expedition des Jahres 1994 stößt die dänische Biologin Anette Grongaard erneut zu den treuesten Teilnehmern. Sie muss ihre Arbeit über die Bärtierchen, ihre Doktorarbeit, fertig stellen. Das biologische Laboratorium des Museums in Kopenhagen hat uns auch einen originellen Auftrag erteilt: Im letzten Jahr fanden wir den vollkommen erhaltenen Kadaver eines Wolfes eingeschlossen im Eis einer Gletschermühle. Die Forscher wollen, dass wir das Tier herausholen. Sie wollen sein Alter und seine Merkmale untersuchen. Eines steht fest: Der Wolf ist über 500 Jahre alt, denn im Westen Grönlands gibt es seit fünf Jahrhunderten keine Wölfe mehr. Zu meiner nunmehr klassisch gewordenen Erkundungstour im Monat Juli lade ich einige berühmte Grönlandspezialisten ein. Sie sollen sich unserer kleinen Equipe anschließen. Es handelt sich um sechs Mitglieder der berühmten französischen Polarexpeditionen von Paul-Émile Victor. Ihr Durchschnittsalter liegt bei 75 Jahren, doch sie sind noch flink wie heurige Hasen. In der Baie de Quervain steht immer noch ihre Hütte aus Holz und geteertem Filz. Man kann sich ihre Emotionen bei der Wiederbegegnung vorstellen.

Diese außergewöhnlichen alten Herren helfen mir bei der Bergung des Wolfes, den wir beim Kopenhagener Museum abliefern. Einige Monate später erfahre ich zu meiner Verwunderung, dass es sich nicht um einen Wolf handelt, sondern um den Nachkommen der Hunde, die die Wikinger auf die Insel brachten. Diese Tiere überlebten offensichtlich, nachdem ihre Herren Grönland schon wieder verlassen hatten. Tatsächlich hatte eine Kältewelle den Pflanzenanbau an der Ostküste ruiniert und die Menschen zum Verlassen ihrer Heimat gezwungen.

Franzosen, Belgier, Kanadier, Dänen, Amerikaner: die Wissenschaftler folgen aufeinander. Die Glaziologen Louis Reynaud und Luc Moreau gehören zu unserem Vergnügen immer noch zur Stammmannschaft. Wir müssen noch bis 1997 warten, um den Tiefenrekord mit 193 Metern in über 50 000 Jahre altem Eis erneut zu schlagen. Ich frage mich, ob wir jemals die 200 schaffen werden.

Zwischen dem Versiegen der Schmelzwasserrinnen und dem Augenblick, in dem sich die Gletschermühle unter der Einwirkung der Kälte und des Drucks schließt, verfügen wir über eine sehr kurze, eine zu kurze Zeitspanne. Und dazu muss noch auch das Wetter günstig sein. Ein Schneesturm macht jede ernsthafte Arbeit unmöglich. Plötzliches Auftreten milderen Wetters bringt die Schmelzwasserrinnen wieder zum Fließen und bedeutet Gefahr für die Glazionauten.

Junge Möwen auf dem Packeis.

Im Sommer bestrahlt die Mitternachtssonne die Eisberge mit flammenden Farben.

Grönland macht uns das Leben nicht leicht. Wir müssen insistieren und uns die Erfolge verdienen.

Das Jahr 1998 beginnt wegen des Todes meines Freundes Haroun Tazieff traurig. Wie im vorhergehenden Jahr befinden wir uns östlich von Kangerlussuaq, wo zwei große Mühlen existieren, Minik und Malik. Zur Stammmannschaft kommen neun amerikanische Kameramänner der Firma Imax hinzu. Sie wollen ihren Film »Journey into Amazing Caves« durch Aufnahmen eines spektakulären Abstiegs in einer Gletschermühle fertig stellen.

Malik ist eine vielversprechende Mühle. Sie fällt 165 Meter tief senkrecht ins Eis. Die Schmelzwasserrinne, die diesen gierigen Schlund einmal geschaffen hat, erreicht im Hochsommer eine Schüttung von über 70 Kubikmeter Wasser pro Sekunde. Das können wir bei unserer Erkundungstour im Juli feststellen. Malik ist ein Monster unter den Mühlen, aber auch eine geschliffene Kathedrale aus Eis mit ephemeren Glasmalereien und so durchsichtigen Wänden, dass wir darin blaue Galerien sehen. Alles wirkt wie ein Spiegelkabinett. Wirklichkeit und Traum spielen hier mit uns und amüsieren sich damit, unsere Sinne aufs Glatteis zu führen. Logik zählt nicht mehr viel. Die Schönheit dieser Mühle wirkt beinahe etwas bedrückend, dies um so mehr, als sie weiterhin dem Eisdruck des Gletschers ausgesetzt ist. Ein eventuell auftretendes Tauwetter könnte erneut die Wut der Schmelzwasserrinne entfesseln.

Ich steige an meinem Seil hängend ab wie eine Spinne, die bei Gefahr ihr Netz an einem Rettungsfaden verlässt. 10 bis 15 Meter oberhalb überwacht mich mein Sohn Maël. Er folgt mir. Er beobachtet jede meiner Handlungen wie ... ein Vater. Die Rollen sind nun vertauscht! Bei dieser Aufmerksamkeit wird mir warm ums Herz. Die Grenze von 200 Metern ist erreicht. Es bleibt noch ein Spalt, in den ich mich etwas gewaltsam hindurchzwängen muss, eine schräge Galerie vielleicht. Noch drei Meter und dann ist Schluss. Unter meinen Füßen befindet sich das Wasser. Es ist ohne Zweifel ein Siphon. Maël kommt zu mir herunter. Wir sind in 203 Metern Tiefe, müssen aber sehr schnell wieder aufsteigen. Die Galerie ist eine Falle. Ich muss schon kämpfen, um daraus wieder frei zu kommen, denn der Gletscher schließt sich.

Mit Erleichterung erreichen wir die Basis der senkrechten Kathedrale. Es fehlte nur wenig, und wir wären für alle Zeiten darin eingeschlossen geblieben, wie der Wikingerhund, den wir entdeckten. Mir wird klar, dass dieser neue Tiefenrekord schwer zu schlagen sein wird. Man braucht dazu eine ganze Reihe günstiger Zufälle und dazu viel Glück.

Ich lege keinen besonderen Wert darauf, der »tiefste Mann der Welt in einem Eisschlund« zu sein. Dieser Rekord ist nicht mein Hauptziel. Er hilft mir allerdings, leichter Sponsoren zu finden. Mein intimster Wunsch bei diesen Forschungsgängen ist sehr egoistisch. Ich will immer wieder die Empfindungen spüren, die mit diesen Abstiegen verbunden sind, eine Mischung aus Angst und Schönheit in der Begleitung erstklassiger Sportler und begeisterter Wissenschaftler. Was kann man mehr verlangen?

Sport und Wissenschaft

Im Gegensatz zur reinen Speläologie im Kalk, wie ich sie heute noch in Vercors praktiziere, kann die Höhlenforschung im Inneren von Gletschern nur ein Hochleistungsport sein. Die Welt, in die wir dabei eindringen, ermöglicht uns eine Zeitreise, und die Markierungen dazu sind die verschiedenen Eisschichten.

Die Schichten erscheinen in Form regelmäßiger, mehr oder minder dicker Linien. Ihre Farbe ist abwechselnd weiß und dann blau. Eine weiße und blaue Linie stellt ein Jahr mit Niederschlägen und der Schneeschmelze dar. Schnee, der im Winter auf die Oberfläche fällt, bildet schließlich die weiße Linie. Bei der sommerlichen Schneeschmelze entsteht die blaue Linie. Im Lauf der Jahre sinkt diese Doppellinie nach und nach tiefer und wird dabei einem immer stärkeren Druck ausgesetzt. Die Luftblasen, die erst im Schnee und dann im Eis enthalten sind, werden immer stärker komprimiert und können deswegen, wenn sie später an die

Jedes Jahr wird der Hafen von Illulisat in der Nähe des Fjords von Riesenwellen heimgesucht, die durch das Umkippen eines Eisbergs oder dessen Explosion entstehen. Dabei kentern auch Schiffe.

Die Jäger der Inuit suchen die Reste des Packeises nach Seehunden ab.

Während der langen Wintermonate bringt das Packeis jede Tätigkeit zum Erliegen. Die einzigen Transportmittel sind dann Hunde oder Motorschlitten sowie Hubschrauber.

Oberfläche gelangen, explodieren. In diesem Fall atmet der Glazionaut Luft, die tausend, hunderttausend und sogar zweihunderttausend Jahre alt ist. Um dies alles aber analysieren zu können, müssen Wissenschaftler mitkommen.

Bis zum Ende der achtziger Jahre blieb die Arbeit der Forscher auf das Labor beschränkt. Sie erhielten keine Stipendien, um selbst an Ort und Stelle zu arbeiten, weil eine solche Expedition verhältnismäßig viel Geld kostet. Aber nehmen wir mal an, sie hätten eine Reise nach Grönland finanzieren können: Ohne Zweifel wäre es ihnen nicht gelungen, in den Eispanzer einzudringen, denn das erfordert eine ungeheure physische Kondition und ein technisches Wissen, dass man sich nur schwer aneignen kann.

Deswegen ist eine Verbindung zwischen Sport und Wissenschaft notwendig. Sie stellt für beide eine Bereicherung dar. Die Glaziologen, die mich begleitet haben, konnten neue Feststellungen über das Erdklima im Lauf der Zeit treffen, indem sie die Jahrtausende alten eingeschlossenen Luftblasen analysierten. Solche Untersuchungen sind besonders wichtig für die Klimatologen, die uns voraussagen wollen, wann die nächste Eiszeit auf der Erde eintritt.

Die NASA-Biologin Hazel Barton kam 1998 mit uns, um die Bedingungen des Lebens auf dem Inlandeis zu studieren. Sie ähneln den Bedingungen, die auf den Eiskappen des Planeten Mars herrschen. In vier Wochen entdeckte sie Dutzende bisher unbekannter Bakterien. Sie bleiben selbst im Jahrtausende alten Eis eingeschlossen aktiv. Könnten Astronauten aus diesen Forschungen Nutzen ziehen? Es ist zu früh, um das zu behaupten. Doch das Vorhandensein von Kleinstlebewesen, die trotz der klimatischen Bedingungen aktiv bleiben, könnte neue Wege in der Raumforschung eröffnen.

Mein größter Stolz ist, dass Anette Grongaard ihre Doktorarbeit über die Bärtierchen (Tardigrada) zu Ende bringen konnte. Diese Tierchen leben überall auf der Erde, besonders aber unter extremen Umweltbedingungen. Sie besitzen eine außergewöhnliche, fantastische Eigenschaft: Sie können das Wasser aus ihrem Körper vollständig entfernen. Sie lyophilisieren, gefriertrocknen sich. Wenn der Kryokonit, in dem das Bärtierchen lebt, mit Schnee zugedeckt wird und langsam im Eis versinkt, trocknet das Lebewesen aus. In einem merkwürdigen Zustand latenten Lebens widersteht es der Kälte. Wenn das umgebende Stück Eis in tausend oder zehntausend Jahren wieder schmilzt, reicht dem Bärtierchen noch nicht einmal eine Stunde aus, um Wasser aufzunehmen und mit seinem Leben fortzufahren, wie wenn nichts gewesen wäre. Nach der Veröffentlichung der Doktorarbeit von Anette Grongaard konnte ein Labor der japanischen Universität von Kanagawa den Stoff isolieren, die dem Bärtierchen dieses Verhalten möglich macht, die Trehalose. Die Forscher behandelten dort ein Rattenherz damit und froren es dann zwei Wochen lang ein. Nach dieser Zeit begann es aufgetaut wieder zu schlagen. Dies eröffnet ganz neue Möglichkeiten in der Transplantationstechnik.

Heute komme ich nicht mehr ohne meine Expeditionen nach Grönland aus. Sie sind wie eine Droge, ich habe es schon gesagt. Immer wieder erfüllt mich dabei ein Traum, und jedes Mal lerne ich neue Dinge über das Verhalten des Menschen und die Wissenschaft kennen. Und es bleibt noch viel zu tun auf dem Inlandeis.

Eine meiner letzten Erkundungsexpeditionen hat mir das deutlich gezeigt. Es begleiteten mich sechs jugendliche preisgekrönte Hobbywissenschaftler. Wir blieben nur vier Tage auf dem Eis. Rund hundert Stunden, das ist zugegebenermaßen wenig. Aber es reichte aus, um im Kontakt mit ihnen die Unschuld meiner ersten Anfänge wieder zu erleben, als ich in Gesellschaft von Jean-Marc Boivin zum ersten Male die Probleme, Schwierigkeiten und die Schönheit des Eises kennen lernte.

Diese Reise hat mich in meinen Überzeugungen bestärkt. Ich liebe Grönland, das eine seiner Töchter meinem Sohn Maël geschenkt hat. Ich liebe das Inlandeis, dessen weiße Oberfläche ein erstaunliches Archiv beherbergt. Ich liebe meine Gletschermühlen, die das transparente Eis durchziehen.

Glazionaut bin ich, Glazionaut bleibe ich.

Im Sommer legen die Fischer ihre Grundleinen in der Nähe von Eisbergen aus. Das ist nicht ohne Gefahr. Durch das Umkippen eines Eisbergs kommt es immer wieder zu tödlichen Unfällen bei den Inuit.

Der Eisfjord von Kanga ist der ideale Ort, um zu untersuchen, wie sich das Schmelzwasser im Inneren von Gletschern verhält.

MARC BOIVIN
LESTRA SPORT
sacs de couchage

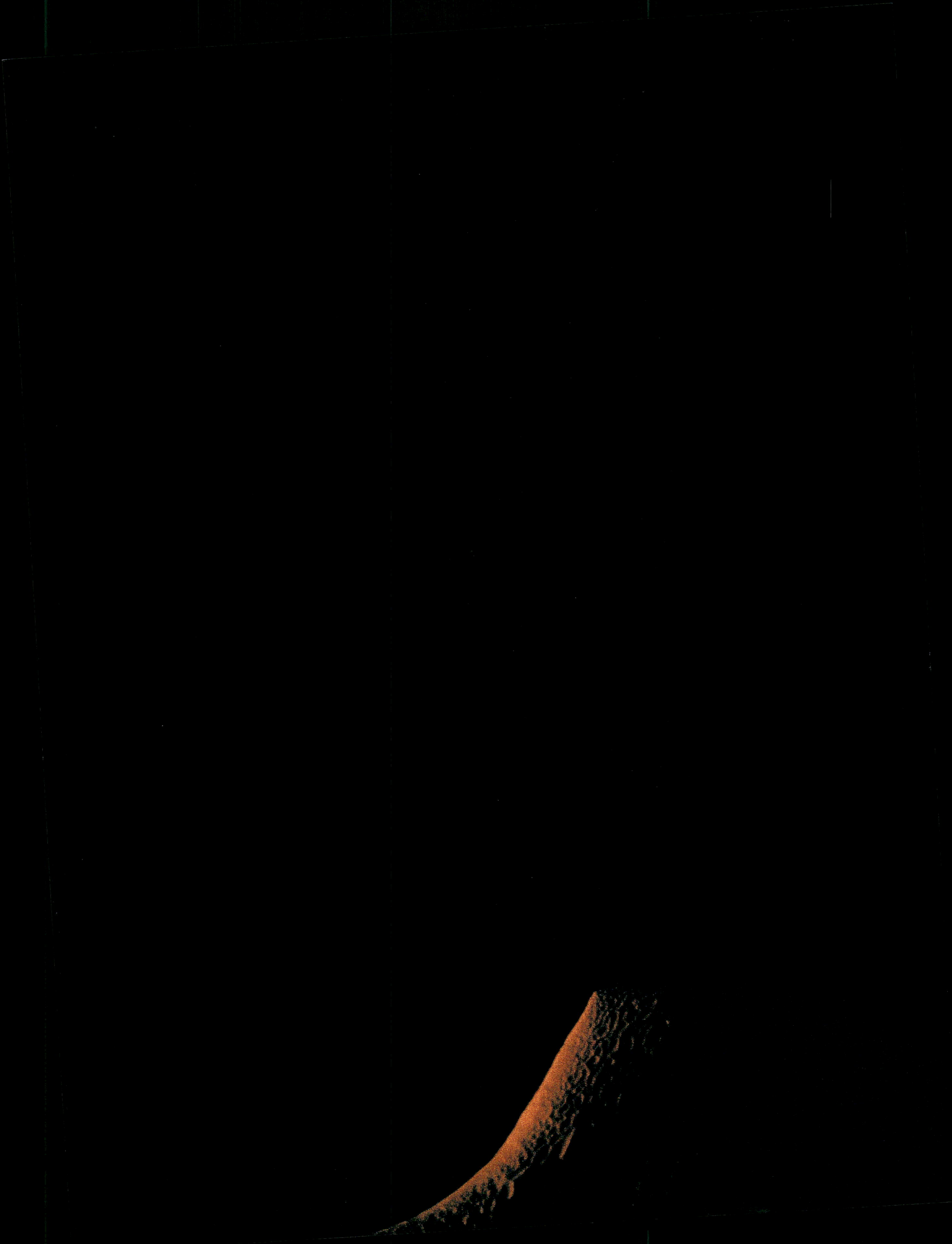

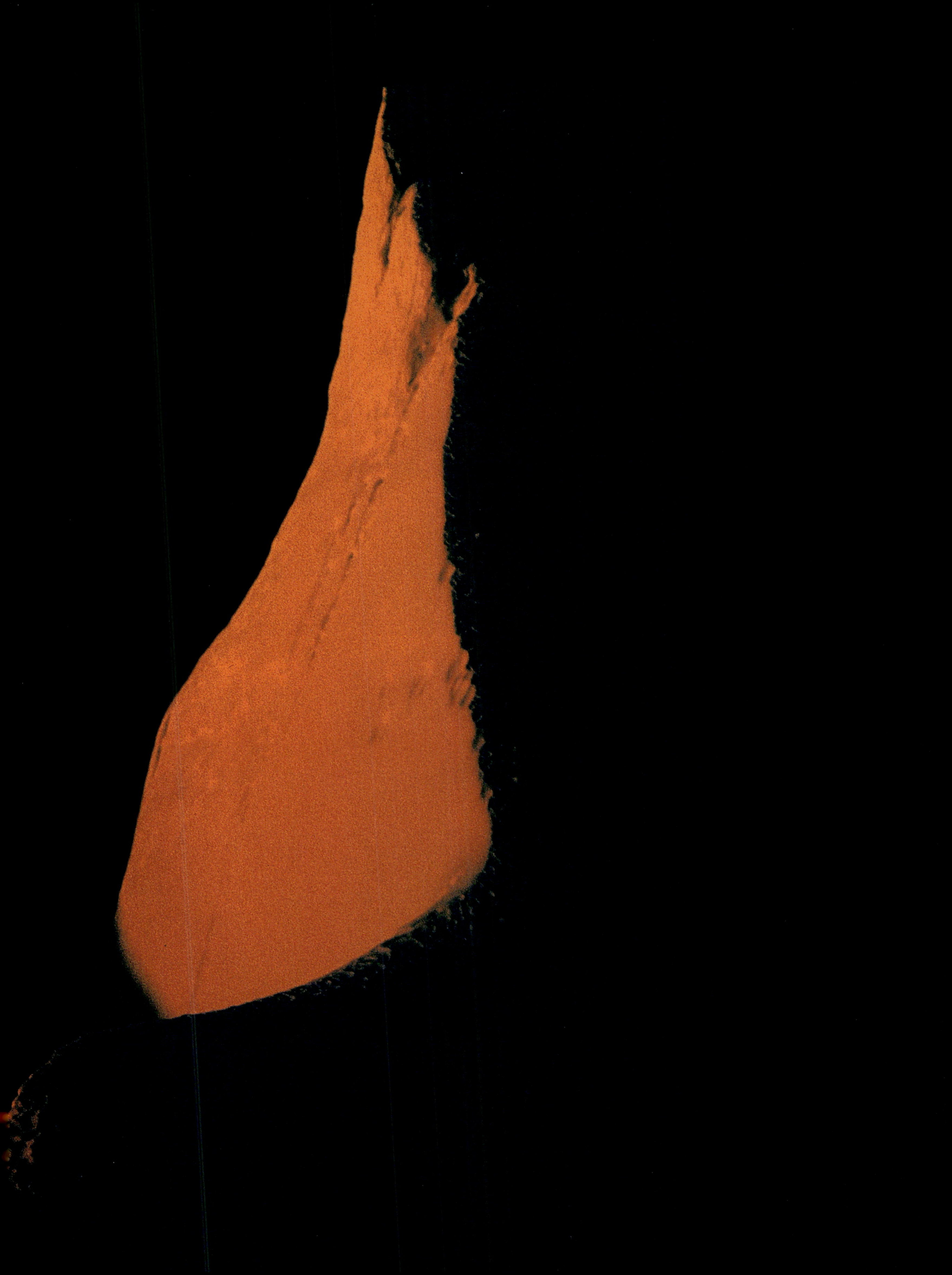

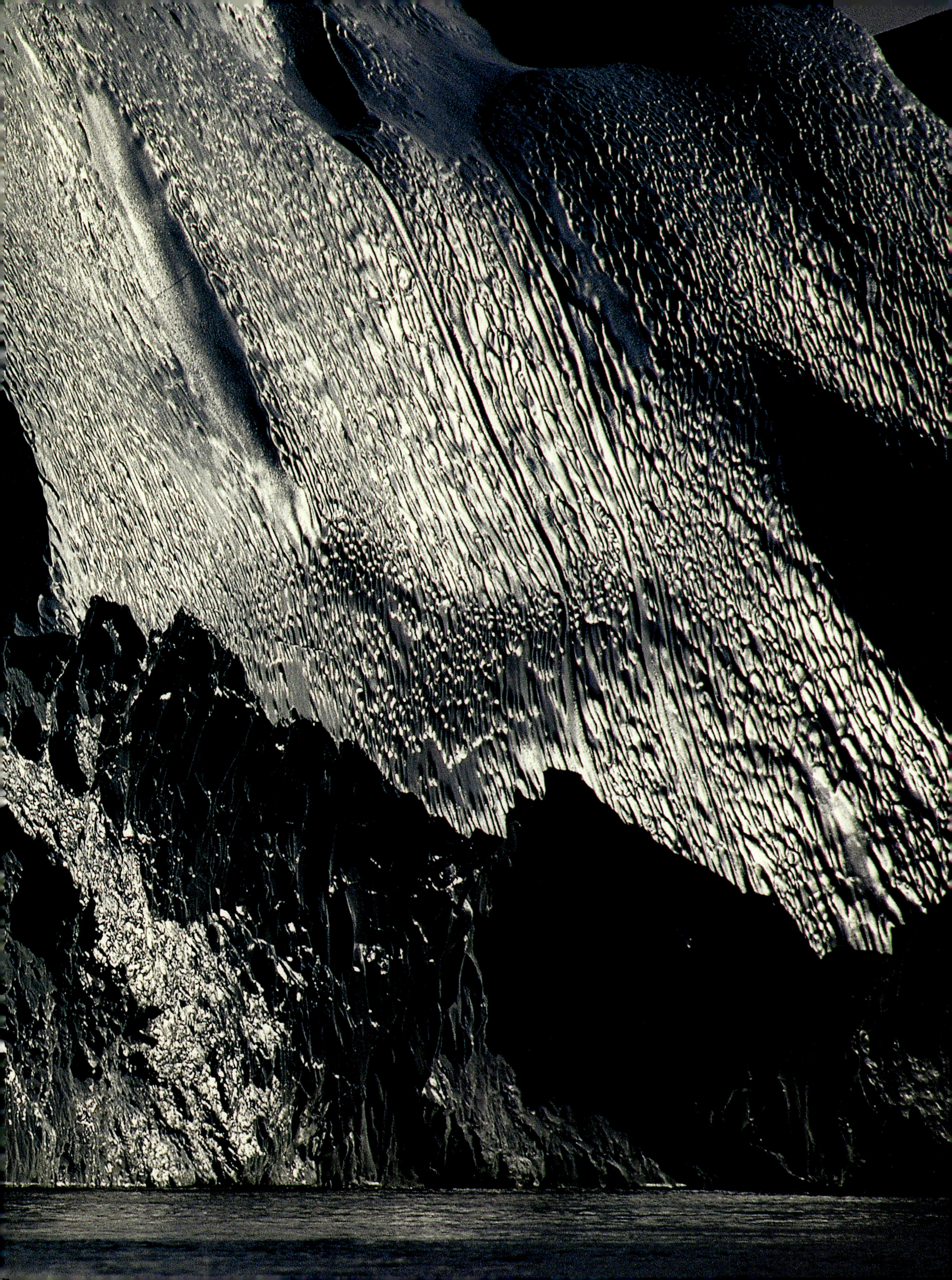

GR 12-98

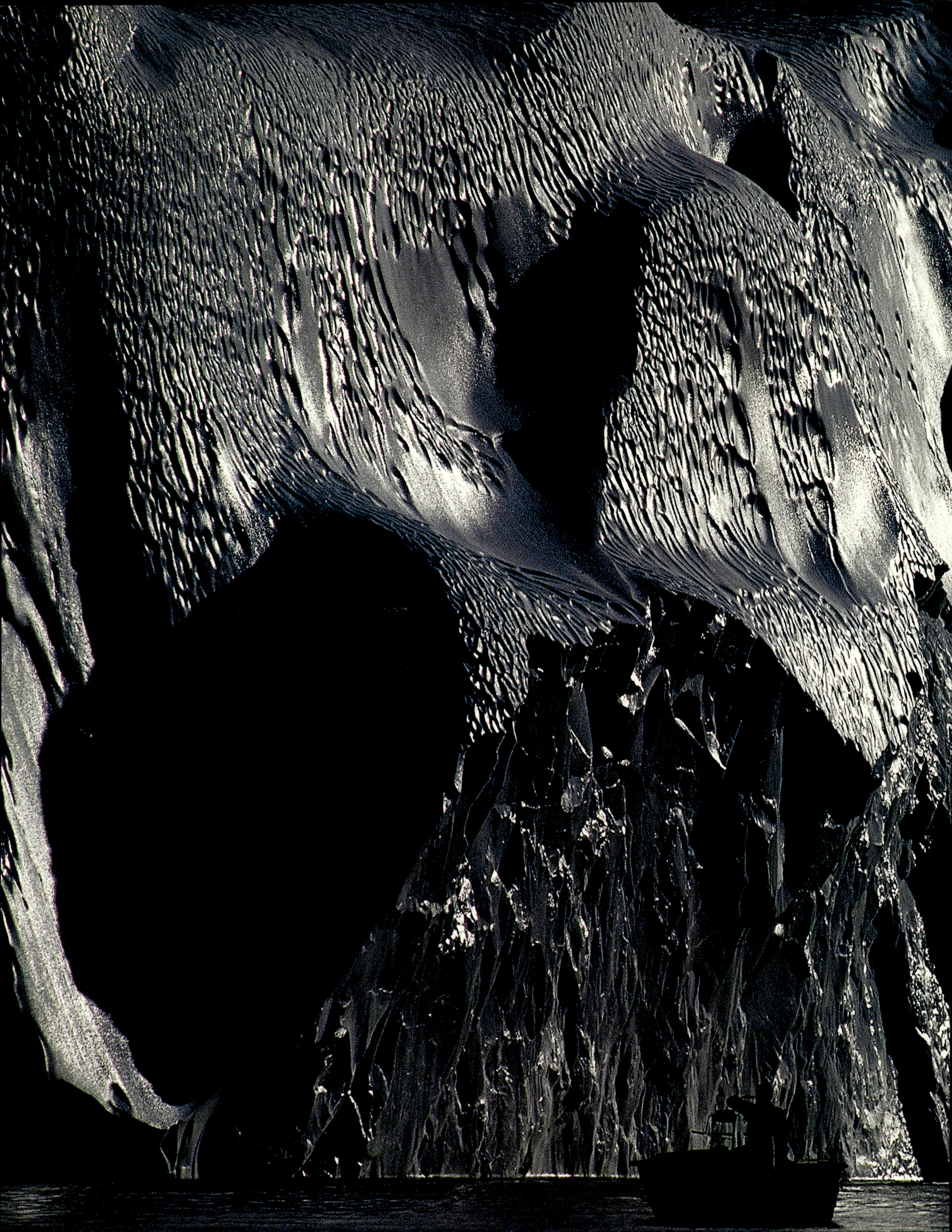

Reise ins Eis

Von Luc Moreau

An der Küste betrachten ein Meister
und sein Jünger das Meer.
»Meister«, sagt der Jünger,
»das ist wunderschön!«
»Und doch« antwortet der Meister,
»siehst du nur die Oberfläche!«

Seitdem Luftbilder aus Flugzeugen und Satelliten die letzten noch unbekannten Flecken unserer Erde dokumentieren, ist in der Theorie alles bekannt, was man von oben her sehen kann. Und dennoch gibt es noch viele vollständig unbekannte Dinge, vor allem in der Welt unter der Oberfläche. Das Problem ist, dass der Zugang dorthin sehr erschwert ist, und das gilt besonders für die Welt unter dem Eis. Grönland ist die größte Insel der Welt und besteht aus einer 1000 Kilometer breiten und 2500 Kilometer langen Eisdecke, die in der Mitte eine Dicke von drei Kilometern erreicht.

Seit 1989 finden jedes Jahr die Inlandeis-Expeditionen statt. Zunächst geht es im Juli darum, die Schmelzwasserrinnen zu finden. In den meisten Fällen verschwinden sie an einer Stelle im Gletscher und graben im Eis ungeheure Löcher, die wir Gletschermühlen nennen. Ihnen gilt unsere Forschertätigkeit. Wenn Ende September der Winter auf Grönland beginnt, bringt uns ein Hubschrauber der Groenlandfly zu einem Basiscamp, wo wir uns einen Monat lang aufhalten. Wenn die Schmelzwasserrinnen versiegen und gefrieren, können wir in die trockenen Mühlen absteigen und die noch geheimnisvolle Welt des Tiefeneises betreten.

Das Inlandeis

Wenn ein Gletscher größer wird als 50 000 Quadratkilometer, bezeichnet man ihn als Inlandeis. Grönland war nicht immer von Eis bedeckt. Zunächst besteht es aus sehr alten Gesteinen, die vor 3,8 Milliarden Jahren im Archaikum entstanden. Zu jener Zeit hatte die Erde noch keine Eiskappen. Wenn man die gesamte geologische Geschichte Grönlands betrachtet, ist das Eis sehr jung. Noch vor 50 Millionen Jahren herrschte auf Grönland ein warmes Klima. Als Beweis dafür findet man auf Ellesmere Island im Nordwesten Grönlands fossile, versteinerte Reste von Mammutbäumen, die 45 Millionen Jahre alt sind.

Die Eiskappe, wie wir sie kennen, begann sich bei einer Abkühlung der Erde vor drei Millionen Jahren zu bilden. Die Gebirgsketten an der Küste erhielten reichlich Schnee. So entstanden zahlreiche Berggletscher, von denen ein Teil ins Landesinnere floss. Es bestand zu jener Zeit aus einer 500 bis 1000 Meter hohen Ebene. Das Zentrum der Insel kühlte durch diese Gletscher ab. So wurde die Eisdecke immer dicker, und unter ihrem Gewicht sanken die Gesteine langsam in die Erdkruste ein.

In den letzten zwei Millionen Jahren, also im Quartär, wurde das gesamte Grönland über 20mal von Eis zugedeckt. Der zentrale Gesteinssockel sank dabei etwa 300 Meter tief unter den Wasserspiegel. Insgesamt senkte sich Grönland im Zentrum unter dem Gewicht der über drei Kilometer dicken Eismassen um 800 Meter.

Folgende Seiten:

Die Inlandeis-Expeditionen errichten ihr Lager auf dem Eisschild Grönlands und bleiben dort eineinhalb Monate.

Die Sikorski-Hubschrauber der Groenlandfly transportieren in mehreren Flügen die Mannschaft und die fünf Tonnen Ausrüstung auf das Inlandeis, rund 500 km von der Küste entfernt.

Ein sehr wirksames Verfahren zur Entfernung von Feuchtigkeit nach Exkursionen besteht darin, dass man die Kleidungsstücke bei −30 °C »trocknen« lässt. Dann schüttelt man sie heftig, um die Eiskristalle zu entfernen.

Wie alle Gletscher dieser Welt wird auch das grönländische Inlandeis von Schneefällen gespeist. Sie lagern sich ab und verwandeln sich in Eis, das weder von Wasser noch von Luft durchdrungen werden kann. Unter dem steigenden Druck werden die eingeschlossenen Luftblasen komprimiert. Unter ihrem eigenen Gewicht setzen sich diese Massen aus Schnee und Eis in Bewegung und ziehen zu den Küsten. Dort kalben die Gletscher: Das Eis stürzt ins Meer und wird zu schwimmenden Eisbergen. Einige Eisströme können größere Geschwindigkeit erreichen: Der Illulisat-Gletscher beispielsweise legt pro Tag 20 bis 30 Meter zurück. Das macht in einem Jahr fünf bis sieben Kilometer! Er ist einer der schnellsten Gletscher der Welt und dazu noch einer der produktivsten auf der Nordhalbkugel, was Eisberge anbelangt.

Grönland: ein feindliches und begehrtes Land

Grönland heißt eigentlich Grünland. Diesen Namen trägt die Insel seit ihrer Besiedlung durch den Wikinger Erich den Roten. Dies geschah während des Klimaoptimums im 10. Jahrhundert. In dieser Zeit herrschte ein eher mildes Klima, und das Packeis drang nicht so weit in den Süden vor, was die Besiedlung über das Meer erleichterte. Die Wikinger waren bekanntermaßen ein Seefahrervolk. Sie befuhren mit ihren Drakkaren die Hochsee und besaßen hochentwickelte Navigationssysteme. Sie konnten zum Beispiel mithilfe von Kalkspatkristallen bei Nebel den Sonnenstand bestimmen.

Von Erich dem Roten behauptet man, er sei von den Seinen auf Grund eines Verbrechens verbannt worden. Jedenfalls verließ er 982 Island, überquerte den Atlantik und landete im Süden Grönlands. Begünstigt wurde seine Reise durch Nord-Süd-Strömungen, mit deren Hilfe er das Treibeis an der Ostküste umgehen konnte.

Die Wikinger gründeten hier etwas später eine Kolonie, die einige Jahrhunderte bestehen blieb. Selbst heute ist Grönland nicht vollständig vereist. Es gibt weiterhin eisfreie Küstengebiete, teilweise mit dicken Moos- und Flechtenschichten, sogar mit Zwergwäldern aus Birken und Weiden. Zur Zeit des Klimaoptimums müssen sie viel höher gewesen sein.

Die Bezeichnung »Grünland« für dieses Gebiet, das der Entdecker bei seiner Rückkehr nach Island wie ein Paradies beschrieb, hatte wohl auch den Zweck, weitere Menschen anzulocken. 5000 Kolonisten mit einer Armada aus mehreren Dutzend Drakkaren besiedelten gegen 985 oder 986 den Süden in der Umgebung von Kap Farewell. Der Beginn der kleinen Eiszeit und vielleicht auch Streitigkeiten mit den Inuit führten im 15. Jahrhundert dazu, dass diese Wikingerkolonie vollständig aufgegeben wurde.

Die Besiedlungsgeschichte Grönlands hängt eng mit klimatischen Schwankungen zusammen. Die Inuit allerdings konnten sich dem extremen Klima in Grönland anpassen. Ihre Adaptation ging soweit, dass sie sich zu einer künstlichen Hungersnot zwangen, wenn sie eine Kälteperiode, die noch Jahre entfernt sein konnte, vorausahnten. Dadurch starben die schwächsten Mitglieder der Gesellschaft, vor allem Kinder und Frauen. Und auch nur die besten Jäger blieben am Leben. Sie konnten nun der Kälteperiode die Stirn bieten. Die Inuit besitzen durch ihr Leben mit der Natur und durch weitergegebene Traditionen ein tiefes Wissen von den Klimazyklen und ihren Auswirkungen. Diese Völker waren aus Nordkanada gekommen. Sie hatten im Winter auf dem Packeis die Davisstraße überquert und die ganzen eisfreien Küstengebiete besiedelt. Die Inuit sind auf Grönland seit 2500 v. Chr. vertreten. Sie leben noch immer dort und konnten gewisse Traditionen beibehalten, auch wenn sich ihre Lebensbedingungen doch sehr den modernen Gegebenheiten angepasst haben.

Während ein Blizzard bläst, muss man die Zelte dauernd freischaufeln. Sonst werden sie sehr schnell völlig vom Schnee verweht.

Mondaufgang auf dem Inlandeis.

Abenddämmerung auf dem mächtigen Gletscher des grönländischen Binnenlandes.

Im Jahr 1721 schiffte sich der skandinavische Pastor Hans Egede nach Grönland ein. Er wollte den Eskimo das Evangelium bringen. Damals nahm die echte Kolonisierung ihren Anfang. Die wirtschaftlichen Interessen wogen bald viel mehr als die religiösen Überzeugungen. Das Königreich Dänemark sicherte sich das Handelsmonopol mit der »großen Insel« und gründete dazu eine königlich-dänische Handelskompanie. Zahlreiche Siedler ließen sich auf Grönland nieder.

Im 20. Jahrhundert verfolgte Dänemark eine isolationistische Politik, die zur Folge hatte, dass die traditionelle Kultur Grönlands erhalten blieb. In den Jahren 1930 und 1931 stellten britische, amerikanische und deutsche Expeditionen meteorologische Beobachtungen nördlich des Polarkreises an. In der Folge organisierten die Franzosen Paul-Émile Victor (1948–1951) und Jean Malaurie (ab 1951) zahlreiche naturwissenschaftliche und vor allem auch ethnologische Forschungsreisen.

Im Jahr 1941, also mitten im Zweiten Weltkrieg, erhielten die USA von Dänemark, das damals von den Deutschen besetzt war, die Erlaubnis, militärische Luftbasen in Grönland (Kangerlussuaq, Angmagssalik) zu bauen. Diese Übereinkunft wurde 1951 modifiziert. Thule wurde dadurch zu einem Standort für Bomber mit strategischen Kernwaffen. Die Zusammenarbeit zwischen den beiden Staaten wurde im Rahmen der NATO noch verstärkt.

Aufgrund der neuen Verfassung vom Mai 1953 wurde Grönland, das seit 1721 dänische Kolonie gewesen war, eine eigene Provinz mit Vertretung in Parlament. Damit begann eine Periode der »Dänisierung« der grönländischen Inuit. Zu jener Zeit besuchten die Kinder Schulen in Dänemark, und heute bestätigen noch viele, dass sie dazu gezwungen wurden. Sie bedauern, dass sie sich daran gewöhnt haben, auf Dänisch zu denken. Die Lebensweise der Inuit wurde dadurch tief greifend verändert. Innerhalb weniger Jahrzehnte trat Grönland in das elektronische Zeitalter ein, was natürlich einige Anpassungsschwierigkeiten mit sich brachte. Doch für das kleine Land Dänemark ist das riesige Grönland immer noch vom beträchtlichem wirtschaftlichem und aufgrund der geografischen Lage auch von geopolitischem Interesse.

Grönland erhielt 1979 Autonomiestatus: Es gehört zwar noch zum Königreich Dänemark, hat aber eine eigene Regierung und ein eigenes Parlament. Im Jahr 1985 beschloss es in einem Referendum den Austritt aus der Europäischen Gemeinschaft, besonders weil man die Küsten vor der Konkurrenz der großen europäischen Fischfangflotten schützen wollte. Das grönländische Parlament, der Landsting, kann auf fast allen Gebieten Gesetze erlassen. Ausnahmen bilden die Außenpolitik, Angelegenheiten, die den Untergrund betreffen, Polizei und Justiz sowie die grönländischen Streitkräfte, die ihren Sitz in Grønnedal haben.

In Grönland kann der Mensch lediglich an der Küste leben, denn im Landesinneren gibt es nur Eis, wo ein Leben unmöglich ist. Das Inlandeis hat die Inuit übrigens niemals interessiert, und es ist auch für die heutigen Grönländer noch nicht von Interesse. Sie wissen es aber immerhin zu nutzen. Sie verwenden im Sommer das Süßwasser der Flüsse und im Winter das Eis der Eisberge, die im Packeis stecken geblieben sind. Noch heute empfinden sie eine große Ehrfurcht für den Gletscher: Bei Hubschrauberlandungen auf dem Inlandeis während der Expeditionen holen die Mechaniker in Eimern immer etwas Schmelzwasser. Es gilt als Quelle der Küstenflüsse und als Mysterium des Lebens. Im Winter konsumieren sie das in den Eisbergen eingeschlossene Wasser, denn es ist als einziges im brackigen Packeis trinkbar.

Mensch, Mond und das Inlandeis.

Die Lichtverhältnisse ändern sich dauernd auf dem Inlandeis und lockern die Monotonie der Landschaft auf.

Jeden Tag folgen Erkundungstrupps dem Netz der Schmelzwasserrinnen. Sie wollen dabei vor allem Gletschermühlen entdecken. Das sind riesige Schächte, in denen das Schmelzwasser nach unten fließt.

Warum interessiert uns Grönland?

Unsere Recherchen betreffen vor allem die Wasserressourcen der Erde: für die Landwirtschaft, den Konsum, die Energieproduktion. Wasser ist eine Vorausbedingung für das Leben. Der weitaus größte Teil der Wasserreserven besteht aus Salzwasser oder aus Süßwasser, das an den beiden Polen der Erde in fester Form vorliegt. Die Verschmutzung des Grundwassers, sein Versiegen an gewissen Stellen der Erde und der wachsende Bedarf von Landwirtschaft und Bevölkerung allgemein erfordern dringend ein Inventar der verfügbaren Ressourcen. Die gewaltigen Schmelzwasserströme auf Grönland lassen sich wohl in Zukunft hydroelektrisch nutzen, und Informationen über den Weg dieser Flüsse sind von direktem Nutzen für das Verständnis der alpinen Wasserwirtschaft.

Die weltweite Erwärmung, die zu einem ver mehrten Abschmelzen der Gletscher führt, rechtfertigt es gleichermaßen, die weitere Entwicklung direkt an Ort und Stelle zu beobachten. Die Untersuchung tiefer Gletscherschichten liefert uns wichtige Informationen über langfristige Klimaschwankungen. Dank der Messungen, die an polaren Eisbohrkernen vorgenommen wurden, kann man sich eine sehr genaue Vorstellung von der Temperaturentwicklung in Grönland in den letzten 250 000 Jahren machen. Feldstudien erweitern auch unsere Kenntnisse über die Schneeschmelze, die Rolle des Wassers beim Eistransport und bei der Entstehung von Eisbergen. Wenn sich das Klima nämlich weltweit erwärmt, werden die ersten Auswirkungen an den Polen zu beobachten sein. Wenn das Abschmelzen des Eises in dem Umfang vonstatten geht, wie man befürchtet, dann könnte das Auswirkungen auf den Meeresspiegel haben.

Wenn wir in Grönland forschen und beobachten, vergrößern wir auch unsere grundlegenden Kenntnisse von den alpinen Landschaften während der letzten Eiszeiten. Das gilt besonders für folgende Punkte:

- die Risiken in Zusammenhang mit Wassertaschen in Gletschern;
- die Fassung subglazialer Gewässer in den Alpen;
- die karstartigen Gewässer im Gletscher selbst.

Ein Motiv unserer Expeditionen bleibt die Erforschung der bisher noch weitgehend unbekannten Gletschergebiete Grönlands. Sie entstanden vor mehreren 10 000 Jahren, sind bis heute unerforscht und schüren einfach unsere Neugierde.

Im Verlauf der beiden letzten Jahrmillionen zählt man über 20 Vereisungen, im Schnitt also eine pro hunderttausend Jahre. Die Zeichen früherer Vergletscherungen erkennt man gut an den Fjordküsten, die selbst durch Gletscher entstanden sind. Diese Landschaften wurden vollständig von Gletschern geschaffen und sind ein Schmuck der isolierten Dörfer. Es handelt sich dabei um ungeheure polierte Felsen, Moränen und erratische Blöcke, die beim Rückzug der Gletscher zurückblieben. Überall findet man auf Grönland polierte Felsen mit dem sogenannten Gletscherschliff, etwa in der Umgebung des Dorfes Illulisat. Es handelt sich um Tausende gestreckter Rückenberge oder Drumlins, die vom Gletscher geformt wurden. Auf ihnen stehen die Häuser der Inuit. Dazu kommen marine Terrassen im Grund der Fjorde, die durch die Hebung des Kontinents entstanden.

Die Eiskappe schmilzt seit 18 000 Jahren immer mehr ab und wird dadurch leichter. Das hat zur Folge, dass sich das darunter befindliche Festlandsgebiet hebt. Diese Isostasie ist auch in Europa deutlich zu erkennen: Skandinavien hebt sich ungefähr um einen Meter pro Jahrhundert, weil dort das Zentrum der würmeiszeitlichen Vergletscherung lag.

Der Wind hat diesen Block aus hartem Schnee geformt. Er wurde abgelagert, als sich ein See entleerte.

Begegnungen im Schneesturm.

Im Sommer führt die Wärme zum oberflächlichen Abschmelzen des Gletschers. Die Schmelzwasserrinnen können Dutzende Kilometer lang werden und einen Durchfluss von 50 Kubikmeter pro Sekunde erreichen.

Ist das Eis eine Wüste?

Von Alain Couté

Die großen Kaltgebiete aus Schnee oder Eis gelten seit jeher als ungeeignet für das Leben, als abiotisch. Dies ist keine a-priori-Annahme, sondern beruht auf menschlicher Erfahrung: Wir wissen ohne Zweifel seit jeher, dass wir in derart feindlichen Räumen nicht überleben können. Um sich davon zu überzeugen, reicht es aus, die Romane von Jack London über den Goldrausch in Alaska oder die Berichte von Polarexpeditionen zu lesen. So steht der grönländische Eisschild, jene enorme Reserve an Inlandeis, im Ruf, eine absolut lebensfeindliche Kaltwüste zu sein, ein – wenn man so will – extremer Lebensraum. Das wird zum Beispiel durch das Fehlen von Säugetieren bestätigt. Zu keinem Augenblick des Jahres sind sie in diesem riesigen Territorium zu finden, weil es für sie hier nichts zu fressen gibt. Selbst Vögel werden nur in Ausnahmefällen beobachtet, etwa wenn sie sich hierher verirren oder wenn sie von Stürmen verschlagen werden. Die Inuit, die schon seit langem auf Grönland siedeln, halten das Inlandeis für lebensfeindlich. Sie dringen nie hierher vor und respektieren das Gebiet als geheiligten Bereich.

Warum haben die Biologen, die Spezialisten für das unendlich Kleine, diese Zone für Forschungen ausgesucht? Sind sie dabei den Gesängen arktischer Sirenen erlegen, oder haben sie sich im Labyrinth der Unvernunft verfangen? Wenn man ein Auge hat für die merkwürdigen Manifestationen der Natur und wenn man sie auch zu entziffern weiß, so merkt man bald, dass das theoretisch unbefleckte, sterile Inlandeis an gewissen Stellen von einem feinen dunkelgrauen Pulver überzogen ist. Andere Stellen, die von den schrägen Strahlen der Abendsonne getroffen werden, verfärben sich rosa oder rot wie die Wangen eines schüchternen Mädchens. Wiederum andere Stellen scheinen unter intergalaktischen Kämpfen gelitten zu haben und weisen zahlreiche Einschlagkrater auf.

Was können wir aus diesen Beobachtungen schlussfolgern? Was sind die Gründe für diese Erscheinungen, und warum interessieren sich die Biologen dafür? Die heftigen Winde in den arktischen Gebieten führen winzige mineralische Teilchen mit sich, die vor allem aus der Verwitterung von Gesteinen hervorgegangen sind. An bestimmten Stellen lässt die Geschwindigkeit dieser Winde nach, sodass diese Teilchen abgelagert werden. Sie sammeln sich in Spalten oder an Stellen, wo Luftwirbel entstehen. Durch wiederholte Staubablagerungen entsteht somit Kryokonit, was wörtlich aus dem Griechischen übersetzt »Froststaub« heißt.

Die Luftströmungen können auch kleine und kleinste Lebewesen, Elemente zur Vermehrung und Ausbreitung sowie Sporen oder Dauerformen zum Überleben ungünstiger Bedingungen wie Zystein transportieren. Wenn solche Teilchen die extremen Transportbedingungen überleben und schließlich auf dem Inlandeis landen, haben sie durchaus ihre Chancen: Sie verfügen nämlich über Systeme, die sie vor übergroßer Kälte und Sonneneinstrahlung schützen. Sie nehmen ein aktives Leben auf und vermehren sich sogar, wenn ihnen die Umweltbedingungen günstig erscheinen. Bei stärkerer Vermehrung können sie dem Schnee oder Eis je nach vorhandener Individuenzahl eine mehr oder minder ausgeprägte Färbung verleihen.

Wenn die Sonne genügend stark scheint, gelangen Infrarotstrahlen auf die Oberfläche des Inlandeises. Die herangewehten mineralischen oder biologischen Teilchen reagieren darauf aber anders als Schnee und Eis: Sie wärmen sich schneller auf. Die Wärme, die sie in sich aufnehmen, hat zur Folge, dass das Eis in der

Folgende Seiten:

Bei Stürmen auf dem Inlandeis können die Winde Geschwindigkeiten von 140 km pro Stunde erreichen. Die Expeditionsteilnehmer müssen dann Eismauern um die Zelte bauen und dauernd deren Verankerung überprüfen.

unmittelbaren Umgebung jedes einzelnen Teilchens schmilzt. Dadurch sinkt dieses jeden Tag etwas tiefer ein, wobei winzige »Schächte« entstehen. Bei fortschreitender Schneeschmelze vereinigen sich die Vertiefungen und die zahlreichen Partikeln, sodass größere Löcher entstehen. Man kann darin mit einem Fuß durchaus versinken und einen Schuh voll Wasser herausziehen! Bei schönem Wetter wird das Gehen durch Gebiete mit zahlreichen Kryokonitlöchern zu einer Qual.

Man kann sich die Arbeitsbedingungen für die Biologen der Inlandeis-Expedition 1996 nur schwer vorstellen. Feldbiologen arbeiten in fremden Ländern an Ort und Stelle vor allem, um neue Arten aufzufinden, zu beobachten und danach zu beschreiben. Ihre Kollegen, die zu Hause bleiben, blicken häufig recht neidisch auf diese Feldbiologen, weil sie sich vorstellen, dass ein solches Unternehmen immer ein Vergnügen ist und mehr mit Tourismus als mit Arbeit zu tun hat.

Die Inlandeis-Expedition 1996 war aber das genaue Gegenteil von dem, was sich missgünstige Kollegen vorstellen können. Antoine de Maximy, der Produzent und Regisseur des Filmes, der über das gesamte Unternehmen gedreht werden sollte, trat dafür ein, dass ich an der Expedition teilnehmen sollte, weil ich mich auf dem Gebiet der Mikroalgen recht gut auskannte und weil ich schon über Taucherfahrungen verfügte. Probenahmen und damit auch Filmaufnahmen mussten nämlich in den Gletscherseen und eventuell auch in den Schmelzwasserrinnen mit professionellen Tauchgeräten durchgeführt werden. Ich akzeptierte die Einladung, konnte aber die Schwierigkeiten bei dieser Art Expedition nicht voraussehen.

Tatsächlich bereitete uns jeder Tag von Anfang bis zum Ende Überraschungen und Probleme, die sogleich gelöst werden wollten. Um bei den Vorbereitungen zu beginnen: Die erste Aufgabe des Forschungsreisenden besteht darin, keines der Werkzeuge, das er für seine Forschung braucht, zu vergessen. Ganz besonders galt dies bei der Inlandeis-Expedition 1996, weil jede physische Verbindung (Hubschrauber, Flugzeug ...) mit der Zivilisation unterbrochen war. An alles musste gedacht werden: Objektträger, Deckgläschen, Färbemittel für mikroskopische Präparate, Röhrchen aus Glas und Rilsan, um an Ort und Stelle Mikropipetten herstellen zu können, tragbare Butanflaschen und Bunsenbrenner für die Glasarbeiten, Nadeln, feine Pinzetten, Spatel, Kratzer, Skalpelle, Spritzen und kleine Pumpen für die Probennahme, Fläschchen, Etiketten, Markierstifte, Formol für die Konservation, Petrischalen und Kulturlösungen, Mikroskope mit allem Zubehör, Binokularlupe zur Isolierung von Lebewesen, darunter von Bärtierchen, Fotofilme und Videokassetten.

Auch viele andere Details durften nicht vernachlässigt werden, etwa Kleenex-Papier oder Filterpapier, ein Fön zum Trocknen, die benötigten Objektive und Okulare. Alles was fehlte, konnte unter keinen Umständen beschafft werden. Wenn etwas vergessen wurde, musste man mit dem vorhandenen Material eine Ersatzlösung finden.

Unter den Kleinlebewesen kann man zwei große Gruppen unterscheiden. Die erste arten- und individuenreichste gehört zu den Pflanzen und besitzt somit die Fähigkeit zu Photosynthese. Damit stellen alle grünen Pflanzen die für ihre Entwicklung benötigten Stoffe selbst her und müssen sie somit nicht anderen Lebewesen entziehen. Zur Photosynthese brauchen die Pflanzen Sonnenlicht, den grünen Farbstoff Chlorophyll sowie Kohlendioxid aus der Luft. Die Kleinlebewesen dieser Gruppe bestehen ausschließlich aus Mikroalgen. Die meisten der vorhandenen Arten sind kleiner als ein Millimeter und folglich mit bloßem Auge nicht mehr zu sehen. Ihre Existenz verrät sich nur, wenn sie in großer Zahl auftreten, da sie selbst gefärbt sind. Ihre Fortpflanzungsgeschwindigkeit unter günstigen Bedingungen schwankt von einer Stunde bis zu einem Tag.

Die meisten Mikroalgen, die dieses Gebiet besiedeln, sind Einzeller. Einige bestehen aus kleinen Fäden und hintereinander angeordneten einzelnen Zellen – ähnlich einem Rosenkranz. Alle Formen sind hier sehr zerbrechlich und stellen als Schutz vor der

Claude verlässt mitten im Sturm eine kleine Schmelzwasserrinne. In den Tiefen des Gletschers schwankt die Temperatur zwischen –10 °C und – 5 °C, und Wind ist keiner mehr zu spüren.

Die Oberfläche des Inlandeises ähnelt einem Meer, dessen Wellen durch intensive Kälte eingefroren erscheinen.

übergroßen Kälte Stoffe her, die als Gefrierschutz dienen. Sie verhindern damit die Bildung von Eiskristallen, die ihre Membranen oder Zellwände zerreißen könnten. Diese Stoffe sind oft orange oder rosa gefärbt. Als Schutz vor zu großer Sonneneinstrahlung, ganz besonders vor den ultravioletten Strahlen, stellen Mikroalgen andere violett oder gelb gefärbte Moleküle her. Sie verhindern schädliche Auswirkungen der Sonnenstrahlung auf besonders empfindliche Zellbestandteile.

Wenn sich diese gefärbten Algen an einzelnen Stellen stark vermehren, kommt es zu dem, was Janot Lamberton als »Eisblüte« bezeichnet. Es entsteht dann ein Patchwork aus Farbflecken von Smaragdgrün bis fast schwarzem Violett. Bei sehr starker Algenvermehrung sieht das Eis wie Gelee aus schwarzen Johannisbeeren aus. Wenn diese gefärbte Schicht von frischen Schneeschichten verdeckt wird, reicht oft ein einziger Fußabdruck aus, um sie hervortreten zu lassen.

Die Inlandeis-Expedition von 1996, bei der Mikrobiologen teilnahmen, war aber nicht die erste, die sich für die Mikroorganismen des Eises interessierte. In Wirklichkeit gab es schon einige Vorläufer. Die aktivste Forscherin war in der Zeit zwischen 1940 und 1965 Elisabeth Kol, die an der botanischen Abteilung des Naturhistorischen Museums in Budapest arbeitete. Die Wissenschaftlerin begeisterte sich für das Leben im und auf dem Eis und besuchte dazu die meisten Gletscher Mittel- und Nordeuropas sowie auch Alaskas und Patagoniens. Sie fertigte eigenhändig Illustrationen von den selbst gefundenen oder eingesandten Mikroalgen nach direkter Beobachtung im Lichtmikroskop an und kolorierte sie anschließend in Aquarell- oder Gouachetechnik. Sie sind von erstaunlicher Frische, überraschendem Realismus und – kein Zweifel – besser als die heutigen Fotografien. Trotz der Fortschritte der letzten 30 Jahre können Fotografien mit Handzeichnungen nicht mithalten, denn die Tiefenschärfe ist bei der Mikrofotografie sehr begrenzt. Der Zeichner kann, anders als der Fotograf, die Scharfeinstellung dauernd variieren und somit alle Oberflächenmerkmale und alle Zellbestandteile auf einer einzigen Abbildung unterbringen.

Die auf der gegenüberliegenden Seite reproduzierte Farbtafel ist ein bemerkenswertes Beispiel des zeichnerischen Könnens dieser ungarischen Forscherin. Sie stammt aus einer wissenschaftlichen Arbeit von 1959 mit dem Titel »The Red Snow of Greenland. I. West Greenland«. Das entsprechende biologische Material dazu stammt von Captain R.A. Bartlett. In derselben Publikation führt Elisabeth Kol auch weitere Berichte über solche Algenblüten auf Schnee an, etwa von John Davis aus dem Jahr 1585, von Friedrich Martens 1671 oder von John Ross 1818. Dieser bezeichnete die grönländische Westküste in der Baffin Bay sogar als »purpurfarbene Klippen«.

Die Inlandeis-Expedition erlaubte nun eine neue Herangehensweise, da sie zum ersten Mal dem Eispanzer gewidmet war. Die bisherige Sammeltätigkeit hatte sich auf die Meeresküste beschränkt. Eines unserer Ziele bestand darin, ein Inventar der Mikroalgen im Gebiet unseres Camps anzulegen. Wir wollten damit der Frage nachgehen, ob die Mikroorganismen, die Elisabeth Kol fand, auch in über 100 Kilometer Entfernung von der Küste vorhanden sind, obwohl die ökologischen Bedingungen offenkundig sehr unterschiedlich sind. In zweiter Linie ging es dann um einen Vergleich der Populationen. Insgesamt konnten rund 15 verschiedene Algenarten identifiziert werden; die Mehrheit gehörte zu den Grünalgen und den Blaualgen. Einige darunter wurden von Elisabeth Kol nicht genannt. Wir können aber nicht wissen, ob ihre Präsenz mit einer möglichen Veränderung des Lebensraums in den vergangenen 30 Jahren in Zusammenhang steht, etwa mit Klimaschwankungen, atmosphärischen Ablagerungen oder morphologischen Veränderungen der Eiskalotte.

Unter den Grünalgen, die ohne Zweifel überwiegen, sowohl was die Artenzahl als auch die Individuenzahl pro Art anbelangt, ist *Ancylonema nordenskjoldii* weitaus am häufigsten. Sie spielt bei der Färbung des Schnees oder Eises die wichtigste Rolle. Es handelt sich um ein einzelliges zylindrisches

Im Winter bläst an der Eisoberfläche regelmäßig ein Blizzard. Er verhindert, dass sich zu viel Schnee auf der Gletscheroberfläche ablagert.

1-2. *Chodatella granulosa* Kol. 1. (x 1250), 2. (x 1000)
3. *Chodatella brevispina* Fritsch (x 1250)
4-5. *Chodatella brevispina fo. groenlandica* Kol (x 1250)
6. *Pleurococcus vulgaris var. cohaerens* Wittr. (x 1000)
7-9. *Scotiella cryophila* Chodat (x 1000)
10-22. *Chlamydomonas nivalis* Wille:
10, 13. Ovale Zellen (x 1000) ohne Geißel
11, 12. Zellen mit zwei Geißeln (x 1000)
14. Kugelförmige Zellen (x 1000)
15. Geteilte Zellen (x 1000)
16. Riesenzellen
17, 18. Junge Zellen beim Verlassen der Mutterzelle (x 1000)
19. Zellgruppe mit Schleimhülle (x 1000)
20. Kugelige Riesenzelle (x 750)
21. Zygote (x 750)
22. Kugelige Zelle mit einer feinen Schleimschicht (x 1000)
23-25, 45. 23. Zelle mit weicher in der Mitte gespaltener Hülle
24, 25, 45. In konzentrischen Kreisen fein geschichtete Zellhüllen (x 750). 25. (x 1000)
26. *Stichococcus nivalis* Chodat (x 1500)
27. *Stichococcus bacillaris fo. cryophila* Chodat (x 1500)
28-30. *Scotiella cryophila var. groenlandica* n. var. (x 1000)
31. *Tetraedron pachydermum* (Reinsch) Hansg. (x 1000)
32. *Groenlandiella zoosporangium* (x 1000)
33-34. *Carteria groenlandica* n.sp. (x 750)
35-36. *Rhabdoderma lineare* Schmidle et Lauterb. 35. (x 1000), 36. (x 300)
37-38. *Dactylococcopsis acicularis var. nivalis* n. Kol (x 1000)
39-41. *Raphidonema nivale* Lagerh. (x 1000)
42-43. *Tetraedron valdezi* Kol 42. (x 1000) 43. (x 1500)
44, 54. *Raphidonema nivale* Lagerh. 44. (x 750) ? 54. (x 1500)
46. *Trochiscia cryophila var. longispina* Kol (x 1000)
47, 50-52. *Groenlandiella brevispina* Kol (x 1000)
48-49, 53. *Groenlandiella nivalis* Kol (x 1000)
55-56. *Chionaster bicornis* Kol (x 1000)

Lebewesen, das auch in kurzen Ketten auftritt. Die Alge enthält einen grünen plattenförmigen, in sich gefalteten Chloroplasten, dessen Chlorophyll die Photosynthese erlaubt, sowie in der Mitte einen kleinen kugelförmigen Kern. Im restlichen Zellvolumen liegt ein mehr oder minder dichter malvenfarbener Stoff verteilt, der empfindliche Teile der Zelle vor gefährlichen Sonnenstrahlen, besonders deren Ultraviolettanteil, schützen soll. Dieses Pigment führt zur Färbung des Schnees: hellrosa bei geringer Anzahl von Zellen, fast schwarzviolett bei Massenvermehrung. Gewisse Arten haben keinen solchen Sonnenschutz, sodass sie sich nur sehr viel kürzere Zeit auf dem Territorium aufhalten können.

Unter den weitere Algen, die im Kryokonit gefunden wurden, befindet sich auch eine verzweigte fädige Blaualge, die Élisabeth Kol nie zu Gesicht bekommen hatte. Sie hilft mit, die Teilchen des Kryokonits festzuhalten. Sonst fanden wir auf dem Gebiet der Mikroflora nur wenige Unterschiede im Vergleich zu früheren Berichten.

Unser zweites botanisches Ziel – nicht das geringste angesichts der möglichen Informationen sowie von deren Tragweite auf wissenschaftlicher wie philo-

Wenn Teams auf dem Inlandeis unterwegs sind und sich dabei mehrere Dutzend Kilometer vom Camp entfernen, sind Funkgeräte, GPS, Kompass und Survivalausrüstung obligatorisch.

Ein Glazionaut steigt zur Oberfläche des Gletschers hoch, nachdem er den Eingang zu einer kleinen fossilen Mühle gefunden hat.

sophischer Ebene – betraf die Langlebigkeit, die Überlebensfähigkeit der Mikroalgen sowie die Grenzen, innerhalb derer sie überleben können. Die Neugierde des Biologen im Hinblick auf die Lebensprozesse sowie die Gründe für deren Stillstand – mithin die Schnittstelle zwischen dem Leben und dem Tod – rechtfertigte die gefährlichen Abstiege in die Gletschermühlen. In Wirklichkeit wollten wir wissen, ob die Algen, die auf der Eisoberfläche lebten und danach mehrere Jahrhunderte lang von weiteren Schneeschichten zugedeckt wurden, ihr Lebenspotenzial beibehalten.

Bei den Abstiegen in den Gletschermühlen gelangt man in hundert- bis tausendjähriges Eis, in dem viele Mikroorganismen enthalten sind. Die Entnahme und Kultur solcher Proben im Labor unter den Bedingungen des heutigen Inlandeises bietet uns die Gelegenheit zu testen, wo die Grenzen zwischen Leben und Tod liegen.

Als mir Antoine de Maximy die Teilnahme an diesem Abenteuer vorschlug, gab er mir zu verstehen, dass man dabei in die Gletschermühlen absteigen müsse, doch er versicherte mir, dass dies ganz einfach sei. Die Aussicht, das vergletscherte Universum Zentralgrönlands mit seinen Mikroorganismen zu entdecken, ließ mich schnell zusagen. Ich dachte aber nicht darüber nach, dass ich über keinerlei reale Erfahrung als Bergsteiger verfügte. Als Janot Lamberton uns mitteilte, dass er mit seinem Team eine gute Mühle gefunden und dort Sicherheitsvorrichtungen installiert hatte, um den Abstieg zu erleichtern, und als das Datum des ersten Einstiegs festgelegt war, wurde dies alles für mich auf brutale Weise plötzlich viel konkreter. Als ich schließlich die Wände der Schmelzwasserrinnen und der Gletschermühlen betrachtete, wurde mir plötzlich klar, dass ich ohne jede Kletterausbildung eine recht jämmerliche Figur als Erforscher dieser Lebensräume aus Eis machen würde. Weil ich unbedingt Proben ganz in der Tiefen ziehen wollte, drängte sich nun ein Crashkurs auf.

Einem Mitarbeiter von Janot, Serge Aviotte, oblag die schwierige Aufgabe, dem Anfänger, der ich war, die Grundlagen des Kletterns einzutrichtern. Diese Techniken sind unerlässlich, wenn man bei einem Abstieg in die Eingeweide des Gletschers überleben will. Als aufmerksamer und fleißiger Schüler erlernte ich diese Grundlagen bei drei Lektionen an einer der Wände der großen Schmelzwasserrinne nahe dem Camp. Ich war perfekt abgesichert und stand unter dauernder Beobachtung durch meinen Mentor.

Trotzdem war der erste Versuch beeindruckend, weil das Wasser einige Meter unter dem Gesims, an dem ich Halt machen sollte, unter Ohren betäubendem Lärm vorbeischoss. Die Vorstellung, in das gähnende Loch zu fallen und einige 50000 Jahre im Herzen des Gletschers zu verbringen, hatte für mich doch etwas Beklemmendes.

Die ersten Augenblicke des Abstiegs waren etwas chaotisch, und zur kleinen natürlichen Angst in diesen Umständen trat noch ein Versagen des Materials. Aber in der Folge lief alles perfekt ab. Die innere Unruhe machte vollständig der Überraschung und Verwunderung angesichts dieses märchenhaften Spektakels Platz.

Das Eis bildete unter der Oberfläche eine Art verschneite Weihnachtsbäume, Konkretionen, von denen die eine schöner war als die andere, weiter unten prismatische Säulen, die an Orgelpfeifen erinnerten, in den verschiedensten Türkistönen. Beklemmung und Stress verflogen. Die Schönheit der Landschaft hatte alle negativen Gefühle sofort ausgelöscht, und am Ende geschahen die Probenahmen in aller Gelassenheit ... natürlich gut abgesichert.

Dazu musste die klassische Methodologie etwas verändert werden, weil uns gewisse Ausrüstungsgegenstände fehlten und weil wir absolut sterile Eisproben nehmen mussten. Da wir in unserer Ausrüstung kein Gerät zur Entnahme von Bohrproben in befriedigenden Dimensionen hatten, kamen wir auf Eisschrauben. Es handelt sich dabei um Hohlzylinder, die man von Hand in das Eis dreht. Man kann damit Bohrkerne von 1 bis 2 Zentimeter Durchmesser gewinnen, die an der oberen Öffnung austreten. Um steril zu arbeiten, hielten wir direkt an Ort und Stelle die

In sehr klaren kalten Nächten kann man das faszinierende Schauspiel der Nordlichter beobachten. Einmal werden sie mit dem Tod, dann mit der Fruchtbarkeit, dem Glück oder dem Unglück assoziiert.

Eisschraube in eine Flamme, die von einer tragbaren Butanflasche gespeist wurde. Das geschah am Seil hängend. Dazu entfernten wir mit einem ebenfalls sterilisierten Eispickel die obersten 10 Zentimeter Eis. Die Eisbohrkerne steckten wir in ... Präservative (Nutzung des vorhandenen Materials!) und erst später in kleine Flaschen. Schließlich ging es noch darum, mit der gesamten Ausrüstung wieder zur Oberfläche hochzusteigen.

Welche Aufregung für einen Wissenschaftler, Organismen in den Händen zu halten, die mindestens 1000 Jahre alt sind, und sie vielleicht wieder zum Leben erwecken zu können! Man könnte so Versuchsorganismen erhalten, um das Problem der Überlebensgrenze zu lösen. Bei der Untersuchung von Bohrkernen aus altem Eis bei der Antarktisstation Vostok fand der Mikrobiologe Sabit Abyzov 1993 noch lebende Bakterien in 2000 Meter tiefem und damit 200 000 Jahre altem Eis!

Doch wie kann man nun wissen, dass die gefundenen Mikroorganismen noch am Leben sind? Dafür gibt es zwei Verfahren, die vom verfügbarem Material abhängen. Das erste Verfahren besteht darin, eine mögliche Sauerstoffproduktion der Kultur zu messen. Dies bedeutet nämlich, dass eine Photosynthese stattfindet, bei der Sauerstoff sozusagen als Abgas entsteht. Diese Sauerstoffproduktion kann man nicht jenen Bakterien anlasten, die ebenfalls im Eis vorhanden sein können, weil sie selbst keine Photosynthese betreiben. Für dieses Verfahren braucht man jedoch eine ausgeklügelte Ausrüstung.

Die zweite Methode bedeutet, dass man in der Kultur auf die Bildung von im allgemeinen grünen Farbflecken warten muss. Sie sind das Zeichen für eine Vermehrung der Algen und der Beweis dafür, dass mindestens eine Zelle ihre Lebensfähigkeit bewahrt hat. Wir verwendeten diese letztgenannte Methode, doch die Ergebnisse waren negativ. Das war natürlich enttäuschend. In der Biologie darf man aber definitive Schlussfolgerungen erst nach einer größeren Zahl von Experimenten ziehen. Es muss eine statistische Signifikanz erreicht werden. Im vorliegenden Fall konnten in einer Tiefe von rund 100 Meter nur drei Proben genommen und damit ungefähr zehn Kulturversuche gestartet werden. Die Beobachtung eines Eisstücks aus der Tiefe unter dem Lichtmikroskop unmittelbar nach der Probenahme zeigte, dass nur einige wenige verstreute Individuen vorhanden waren. Sie sahen nicht besonders frisch aus, konnten aber bestimmt werden.

Beim Kulturverfahren lässt man einen Teil der Eisprobe in einem sterilen Milieu schmelzen und holt mit einer Mikropipette das Wasser und die befreiten Teilchen heraus. Dann bringt man sie in einen Kulturbehälter mit Nährlösung. Unter diesen Bedingungen ist die Wahrscheinlichkeit gering, eine Zelle zu finden. Dass diese auch noch lebt, ist mindestens hypothetisch. Um mit dieser Methodik die Erfolgschancen zu erhöhen, muss man wiederholte Proben in unterschiedlicher Höhe entnehmen, da einige größere Algenkonzentrationen aufweisen können. Damit startet man dann ungefähr 1000 Kulturversuche. Diese ungeheure Aufgabe konnten wir unter den Bedingungen der Expedition von 1996 nicht ins Auge fassen.

Trotz des relativen Misserfolgs dieser ersten Versuche ergaben die Eisproben aus der Tiefe ein interessantes Ergebnis. Tatsächlich entdeckten wir eine einzige Kieselalge. Kieselalgen oder Diatomeen sind eine Gruppe einzelliger mikroskopischer Algen, die aus in Wasser gelöstem Siliziumdioxid einen äußeren Panzer herstellen. Das dazu verwendete Material, auch Kieselsäure genannt, steht dem Glas sehr nahe. Kieselalgen werden in keiner der bereits aufgeführten wissenschaftlichen Arbeiten genannt. Ihr Vorhandensein stellt uns vor ein Rätsel, das man mit drei Fragen umreißen kann:

- Wurde diese Alge vor langer Zeit wie andere Algen heute noch vom Wind auf dem Inlandeis abgelagert?
- Gab es vor langer Zeit (rund 1000 Jahren) auf dem Eisschild Diatomeen, die seither verschwunden sind? Und aus welchem Grund?
- Leben heute noch Diatomeen oberhalb des Expeditionsstandortes, da das Eis ja langsam wie eine Flüssigkeit zur Küste hinabfließt?

Im Hochsommer führt die Sonnenwärme dazu, dass die Oberfläche des Gletschers schmilzt. Dann entstehen ungeheure Schmelzwasserströme, die ihre Betten mehrere Dutzend Meter tief in den Gletscher graben.

Die Expeditionsteilnehmer nutzen freie Augenblicke zwischen den Forschungen zur Toilette, zum Lesen oder zum Bau eines Iglus.

Das Rätsel ist bis heute nicht gelöst.

Selbst unter der Annahme, dass kein Instrument fehlt und nicht improvisiert werden muss, ist der Tag des Wissenschaftlers auf dem Inlandeis keineswegs geruhsam. Man muss eine derart teure und doch kurze Expedition so gut wie möglich nutzen. Die Feldforschungen, die Probenahmen und die Messungen, die Beobachtungen und Aufnahmen im Mikroskop füllen den gesamten Tag des Forschers aus. Das bedeutet: Aufstehen zwischen 6 Uhr und 6.30 Uhr, knappe Toilette und die oft auch nur an Tagen mit schönem Wetter (Waschen im Freien!), kleines frugales Frühstück, da die Lebensmittel zurecht zugeteilt werden. Das Zelt, in dem man isst, dient gleichzeitig als Trocknungsraum, als Lagerraum für größere Ausrüstungsgegenstände, und es ist der einzige Ort, an dem man etwas Wärme vorfindet.

Schließlich zieht man die Schuhe mit den Steigeisen und die Bergsteigerkombination an, sofern man die Nacht nicht in ihr verbrachte, denn bei der abendlichen Kälte vermeidet man es oft, sich im eigenen Zelt auszuziehen. Es steht auf dem Eis und hat keinerlei Heizung. Schließlich macht man sich auf den Weg, um Proben zu nehmen, Beobachtungen und Messungen anzustellen.

Bei schönem Wetter ist die Morgenexkursion (in Mittel 5 bis 10 Kilometer) weniger schwierig als die des Nachmittags, weil das morgendliche Eis noch fest ist. Durch die Sonneneinstrahlung hingegen wird es weich. Die zurückgelegten Entfernungen konnten in vielen Fällen 15 oder 20 Kilometer betragen, weil man Spalten, Schmelzwasserrinnen und Wasserstellen umgehen muss. Das Ganze ist physisch sehr fordernd, besonders wenn man Geräte mit sich tragen muss. Die Rückkehr zur Basis zu einer kurzen Mahlzeit ist im allgemeinen gegen 13 Uhr vorgesehen. Man bringt die Proben zurück, behandelt sie entsprechend und organisiert anschließend die nachmittäglichen Aktivitäten. Diese ähnelten denen des Vormittags und fanden nur an einer anderen Stelle statt. Die Tour ging in der Regel dadurch zu Ende, dass man die Geräte entleerte, die Staubpartikel aus der Luft herausfilterten, und dass man Wetterdaten ermittelte. Die Rückkehr zur Basis war wegen des Sonnenuntergangs und der eigenen Sicherheit zwingend für 17.30 Uhr vorgeschrieben.

Bei allen Bewegungen auf dem Eis musste man mindestens zu zweit sein, um sich gegenseitig zu helfen, denn das Gebiet war schwierig zu begehen. Für die Verbindung mit dem Camp nahmen wir ein UKW-Funkgerät mit. Nach der Rückkehr zur Basis und nach einer kurzen Mahlzeit hatte der Mikrobiologe seine Arbeit noch nicht beendet. Er musste alle Proben des Tages durchsehen, einen Teil davon lebend aufbewahren, den Rest durch Zugabe von Formol konservieren, die Fläschchen etikettieren, weitere Beobachtungen anstellen und Fotografien anfertigen. Das konnte bis Mitternacht oder später dauern! Die Arbeit mit dem Mikroskop fand in einem speziellen Zelt statt, das für zerbrechliches Material reserviert war. Aber geheizt war es nicht. Tagsüber war einem durch das Marschieren warm, doch mehrere Stunden sitzend zu verbringen war trotz der Thermokleidung nicht besonders angenehm.

Doch was für eine Belohnung als die ersten Videofilme des Bärtierchens auf dem Bildschirm auftauchten! Das Staunen in den Augen aller Expeditionsteilnehmer, die sich um das Mikroskop versammelt hatten, um besonders das Wiedererwachen des Tierchens mitzuerleben, war eine große Befriedigung. So kam das Gefühl auf, seine Pflicht getan zu haben.

Bei diesen nächtlichen Beobachtungen am Mikroskop ergab sich ein besonderes Problem. Wegen der Luftfeuchtigkeit und der größeren Kälte (–15 bis –20 °C) bildete sich auf den Linsen oft eine Kondensationsschicht, die die Bilder unscharf werden ließ. Deswegen musste man regelmäßig den Haartrockner zum Reinigen der Objektive einsetzen. Wenn, was häufig vorkam, heftiger Wind wehte, wurde die Arbeit am Mikroskop zu einer delikaten Angelegenheit. Das Instrument stand auf zwei Kisten, die gegen die Zeltwand gelehnt wurden. Unter den Windstößen zitterte das gesamte Zelt, sodass es unmöglich wurde, Bilder aufzunehmen. Ich musste dann einen oder zwei Expeditionsmitglieder bitten, das Zelt im Augenblick

Die ersten eisigen Blizzards des Winters haben die gesamte Oberfläche der Eiskalotte erstarren lassen.

Gesamtansicht des Bärtierchens *Diphascon recamieri.*

von Video- oder Makroaufnahmen festzuhalten. Dieses Zelt diente bei schlechtem Wetter übrigens auch als Unterschlupf. Oft fand sich ein Teil der Mannschaft darin ein, sodass ich mir den Weg zum Mikroskop oder zur Binokularlupe mit den Ellbogen bahnen musste. Von Zeit zu Zeit wurde es notwendig, die Truppe zu evakuieren, um unter halbwegs angenehmen Bedingungen arbeiten zu können.

Die zweite Gruppe von Kleinstlebewesen, die das Inlandeis besiedeln, gehört dem Tierreich an und hängt vollständig von der ersten Gruppe ab. Tatsächlich produzieren die Mikroalgen bei der Photosynthese jene organischen Stoffe, die für die Ernährung und Entwicklung der Kleintiere (alles Wirbellose) notwendig sind. Ohne diese Algen könnten sie nicht überleben. Der Ökologe bezeichnet die Pflanzen in diesem Zusammenhang als Produzenten und die Tiere als Konsumenten. Angesichts der harten Umweltbedingungen sind die Nahrungsketten hier nur kurz.

Die Fauna der Eiskappe beschränkt sich auf kleine, höchstens 1 bis 2 Millimeter große Tiere. Es sind meistens Einzeller (Protozoen). Die Zahl der Gattungen und Arten ist noch geringer als bei den Algen. Mit bloßem Auge kann man ihr Vorhandensein auf Schnee oder Eis nicht feststellen. Man braucht dazu Lupen oder Mikroskope. Nur durch das Studium der Algen stießen wir überhaupt auf diese Tiere und konnten ein wahrscheinlich noch nicht vollständiges Inventar anlegen.

Damit eine Schmelzwasserrinne innerhalb weniger Tage gefriert, müssen die Temperaturen unter –30 °C fallen. Diesen Augenblick erwarten die Glazionauten, um mit ihren Forschungen im Gletscher beginnen zu können.

Blizzards treiben Schneemassen vor sich her und füllen damit nach und nach die Schmelzwasserrinnen.

Bei den Einzellern ist der einzige Vertreter ein Wimpertierchen. Es hat eine Länge von 0,2 bis 0,3 Millimetern, ist tropfenförmig und farblos. Seine gesamte Oberfläche ist von Wimpern oder Zilien besetzt, die mehr oder minder synchron und sehr schnell schlagen. Damit bewegt sich der Einzeller fort. Er erreicht dabei im Wasser überraschende Geschwindigkeiten. Schwimmend sucht er nach Nahrung (Algen und Bakterien) und lässt sich dabei von chemischen, optischen, mechanischen oder thermischen Reizen leiten.

Die restlichen Vertreter der Mikrofauna des Eises verteilen sich auf zwei Gruppen. Die Rädertierchen oder Rotiferen sind dem Publikum nahezu unbekannt. Ihr länglicher tropetenförmiger Körper kann sich kontrahieren und ist oft teilweise orange gefärbt. Er erinnert irgendwie an eine Wurmgestalt. Auch die Rädertierchen fressen Algen und Bakterien. Die Bärtierchen oder Tardigraden sind viel bekannter geworden, weil sie auch in den Filmen über die Inlandeis-Expeditionen gezeigt wurden. Die häufigste Art auf dem Eis trägt den wissenschaftlichen Namen *Diphascon recamieri*. Auf den ersten Blick erinnert sie ein bisschen an eine Milbe. Bärtierchen wirken etwas tapsig, was ihnen die deutsche Bezeichnung eingetragen hat. Der Kopf ist vorne abgerundet, trägt zwei dunkle Augen und einen Mund mit zwei Stiletten. Der Körper ist länglich. Bärtierchen fressen vor allem Bakterien, doch werden auch Wimper- und Rädertierchen nicht verschmäht. Das Bärtierchen ist der König der Tiere auf der grönländischen Eiskalotte! Nach langen Trocken- oder Kälteperioden (mindestens 100 Jahre) kehrt es wieder zum Leben zurück. Es widersteht in anaerobiotischem Zustand (latentes Leben) allen möglichen Belastungen, etwa ionisierenden Strahlen oder extremen Temperaturen. Einige russische Forscher erwägen sogar die Möglichkeit eines Überlebens im Weltraum.

Die beiden Bärtierchen-Spezialistinnen, die an der Expedition teilnahmen, Sandra Mac Innes vom British Antarctic Survey in Cambridge und Anette Grongaard, damals Forscherin am Zoologischen Museum Universitetsparken in Kopenhagen, konnten während des dreiwöchigen Aufenthalts Stellen auffinden, an denen sich ihre Lieblinge entwickeln. Sie studierten das Verhalten der Tiere und beobachteten das Wiedererwachen von im Eis eingeschlossenen Individuen. Die Forscherinnen fanden sogar sehr gut erhaltene Eier, in denen sich noch unreife junge Tiere befanden. Um die Realität des äolischen Transports und dessen Bedeutung zu untersuchen, brachte Sandra Mac Innes in die Umgebung des Camps verschiedene Modelle von Teilchenfallen aus. Darunter waren auch kleine Windräder, auf deren Flügeln sich ein Klebstoff befand. Jeden Tag wurden diese Fallen geleert und deren Fänge inventarisiert. Für die Mikrofauna ergaben nur die Kryokonitlöcher positive Ergebnisse. Probenahmen in den Gletschermühlen, die nur Anette durchführte, da Sandra etwas unter Klaustrophobie litt, ergaben keine Kleintiere und vor allem auch keine Bärtierchen – entgegen der Hoffnung der gesamten Mannschaft. Doch die schon vorgebrachten Argumente über die Wahrscheinlichkeit, Algen im Tiefeneis ausfindig zu machen, gelten hier noch in stärkerem Umfang. Tatsächlich findet man im oberflächlichem Kryokonit ungefähr ein Bärtierchen auf 5000 Algen. Die Chancen, auf ein tausendjähriges Bärtierchen zu stoßen, sind somit noch um den Faktor 5000 geringer als die ohnehin schon verschwindend geringe Möglichkeit, im Tiefeneis konservierte Algen zu finden.

Die Tauchgänge boten nicht den prickelnden Reiz der Abstiege in die Gletschermühlen. Dafür gaben sie Anlass zu burlesken, erheiternden Zwischenfällen. Ich zog mir dazu eine wasserdichte Neoprenkombination mit Halbstiefeln an. Auf ihnen konnte man aber keine Steigeisen fixieren. Dem Gehen auf Eis fehlte es dabei nicht an Komik, und mit dem Schlittschuhschritt kam man nur schlecht vorwärts. Noch bevor ich den Ort erreichte, wo ich tauchen konnte, fiel ich mehrmals hin.

Die Ufer der Seen sind steil und in zwei bis drei Metern Höhe über dem Wasserspiegel überhängend. Das Eintauchen erfolgte somit nach Art der Pinguine. Die Rückkehr ins Trockene war nur mit der Hilfe einer

Ein typisches Bild für das Inlandeis: Sonne und Wolken bilden darauf ein Schachbrettmuster.

Rückkehr zum Camp nach einem Tag der Forschung über die Hydrographie des Inlandeises.

Sicherheitsmannschaft möglich, die angeseilt am Ufer den Forscher mit Muskelkraft wie einen gestrandeten Wal nach oben hieven musste. Sicherlich ein lohnendes Schauspiel! Und der, der hochgehievt wurde, erinnert sich noch sehr lebhaft an den schmerzhaften Kontakt mit dem Eis.

So brauchten die Wissenschaftler viel Glück, eine robuste Konstitution körperlicher wie seelischer Art, um die äußeren Bedingungen einer solchen Expedition auszuhalten. Immerhin ist der Mensch ein Wirbeltier, ein hochkompliziertes Wesen, das Nachdenken und Lösungen zum Überleben finden kann. Doch wie ist das mit den Angehörigen der Mikroflora oder Mikrofauna? Sie müssen extreme Winterbedingungen aushalten. Die Temperaturen beispielsweise können innerhalb kurzer Zeit von –30° oder –20 °C auf Werte über Null ansteigen, bis 14° oder 15 °C im Jahr 1996, die nachmittags im Camp erreicht wurden. Was für Systeme haben diese Mikroorganismen im Lauf der Evolution entwickelt, um mit solchen Temperaturschwankungen zurecht zu kommen?

Wenn wir unseren heutigen Kenntnisstand über die Fähigkeiten dieser Mikroorganismen aufs äußerste vereinfachen, so kann man die eisbewohnenden Kleinlebewesen, gleich ob Tiere oder Pflanzen, in zwei Kategorien einteilen. Auf der einen Seite stehen die Psychrophilen, die kalte Lebensräume vorziehen, auf der anderen Seite die Psychrotrophen, die solche Lebensräume nur ertragen.

Um großer Kälte Widerstand zu leisten, gibt es in der Natur mehrere Strategien. Die einen Organismen geben ihr gesamtes Wasser ab und leben anhydrobiotisch. Andere Lebewesen hingegen verändern die Zusammensetzung der enthaltenen Lipide (Fettkörper). Wiederum andere Organismen reichern Verbindungen an, die sie gegen die Kälte schützen. Und schließlich gibt es welche, die sich in einer widerstandsfähigen Schutzhülle einschließen und den Sauerstoffgehalt im Inneren reduzieren, um anaerobiotisch zu überdauern und dabei ihr Leben zu erhalten. Bei zunehmender Kälte wird die Synthese der Proteine blockiert, die zur richtigen Entwicklung des Organismus notwendig sind.

Bei den psychrophilen Lebewesen löst diese Erscheinung die Produktion bestimmter Proteine als Akklimatisierung an die Kälte aus. So verhindern die Dihydrine die Ausfällung und Degradierung lebenswichtiger Makromoleküle. Die Extensine verhindern Deformationen der Zellwand durch Entwässerung. Gefrierschutzproteine erniedrigen den Gefrierpunkt des Wassers und verändern die Form der sich bildenden Eiskristalle. Enzyme wie das Subtilisin aktivieren schließlich diese Mechanismen.

Eine zweite Gruppe chemischer Stoffe erhöht aktiv die Kälteresistenz. Es handelt sich um Zucker wie Glyzerin, Mannit, Sorbit oder die heute hinlänglich bekannte Trehalose. Sie kompensieren oder senken den Wasserverlust, verringern die Eisbildung in den Zellen, stabilisieren die Zellmembranen und erhalten somit die Gesamtheit der Strukturen.

Insgesamt geht aus den neuesten Untersuchungen über dieses Thema hervor, dass die Kälteresistenz kein simpler Mechanismus ist, selbst wenn er bei einzelligen Lebewesen oder bei Lebewesen mit nur wenigen Zellen anzutreffen ist. Man ist heute noch weit davon entfernt, alle Mechanismen zu verstehen. Die Forschungen der Inlandeis-Expedition 1996 tragen viel zum Verständnis der Frage bei, warum und wie Lebewesen derart tiefe Temperaturen aushalten.

Der Schnee bewegt sich auf der Oberfläche des Inlandeises mit dem Wind genauso wie der Sand in der Wüste.

Sonnenuntergang über dem Inlandgletscher.

THE NORTH FACE

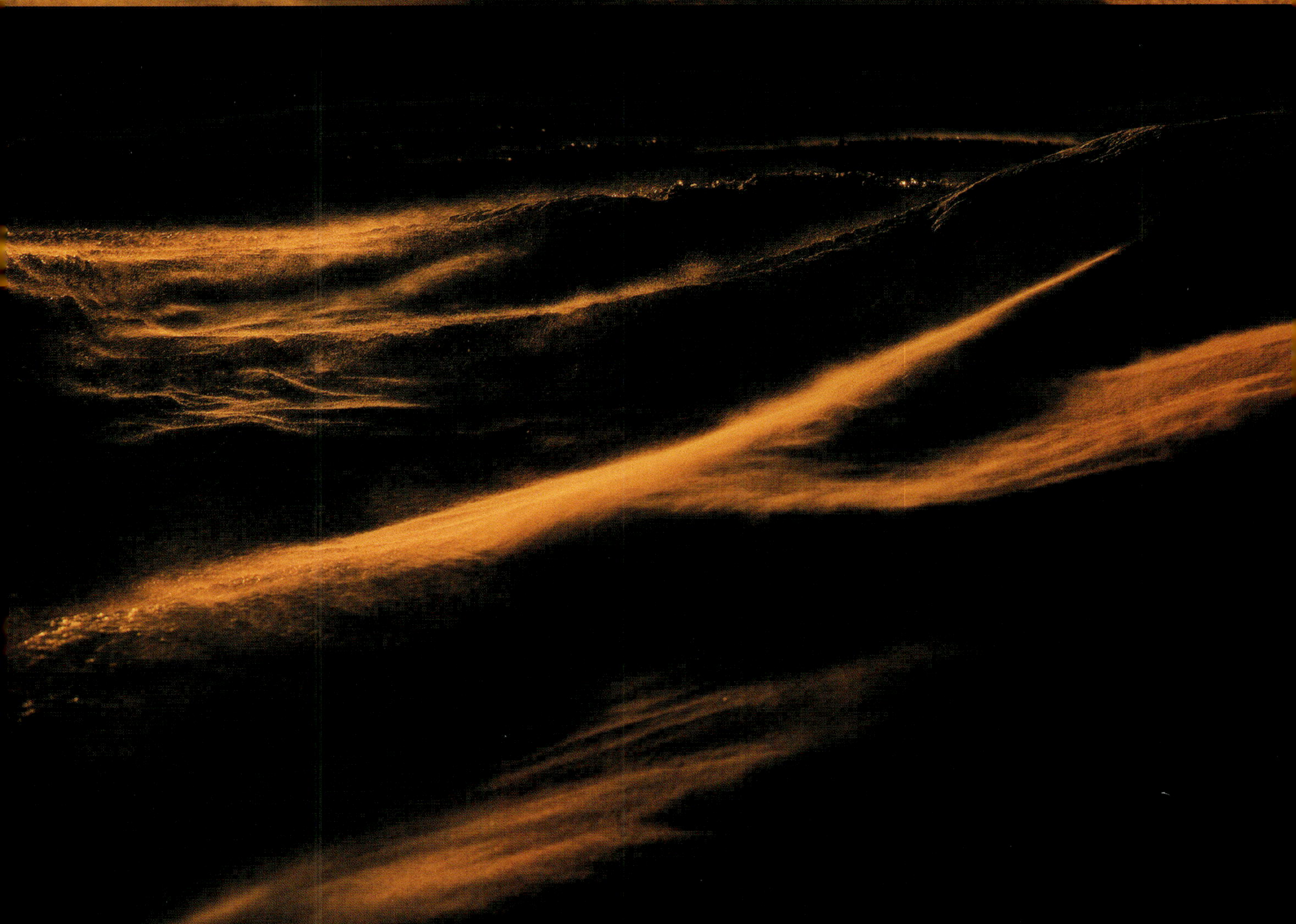

Der Weg ins Herz des Gletschers: Schmelzwasserrinnen und Gletschermühlen

Von Luc Moreau

Als Schmelzwasserrinnen bezeichnen wir die Betten von Bächen und Flüssen, die an gewissen Stellen des Inlandeises durch die Eisschmelze entstehen. Wenn diese Schmelzwässer von einer natürlichen Öffnung im Eis gefasst werden, verbreitern sie diese und schaffen dabei eine mächtige senkrechte Gletschermühle. Das Wasser stürzt dort in die Tiefe und fließt durch eine waagrechte Galerie im bodennahen Eis ab. Um für die Erforschung geeignete Mühlen zu finden, muss man erst eine größere Schmelzwasserrinne ausfindig machen und dann warten, bis sie versiegt oder dass ihr Wasser durch eine andere Öffnung gefasst wird. Mit zunehmender Durchflussmenge der Schmelzwasserrinne wächst auch ihre abtragende Wirkung, und umso tiefer wird auch die Gletschermühle. Eine »aktive« Mühle kann man allerdings nicht besuchen, denn das in sie hineinstürzende Schmelzwasser macht jede Forschertätigkeit unmöglich.

Die größten Schmelzwasserrinnen sind oft von Schnee- oder Eisbrücken überdeckt, die manchmal über mehrere hundert Meter nicht abschmelzen. Diese »überdachten« Schmelzwasserrinnen sind eine grönländische Spezialität. Der Fluss verliert sich dann in einer Spalte, die von einem Flugzeug aus leicht zu entdecken ist, besonders wenn durch die Wassermassen Luft komprimiert wird und senkrecht aus der Mündung nach oben steigt. In diesem Zusammenhang sprechen die Franzosen von einer »Moulin souffleur«, wörtlich übersetzt einer »Blasmühle«.

Zustandsformen des Wassers

Was ist Eis? Eis ist Wasser im festen Aggregatzustand. Jedes Kind weiß, dass der Gefrierpunkt des Wassers bei 0 °C liegt. Dies gilt bei Atmosphärendruck auf Meereshöhe. Mit zunehmendem Druck sinkt der Gefrierpunkt. Unter Zentralgrönland beträgt der Gefrierpunkt des Wassers –2 bis –3 °C. Viele wissen allerdings nicht, dass der Gefrierpunkt auch von der Reinheit des Wassers abhängt. Absolut reines Wasser kann bis –40 °C flüssig bleiben. Man spricht dabei von unterkühltem Wasser. Manchmal ist dies in der oberen Atmosphäre der Fall, etwa in 10 Kilometer Höhe.

Tatsächlich sind es Verunreinigungen, die zum Gefrieren des Wassers führen. Man spricht dabei von Kondensationskeimen. Das Wasser kristallisiert um diese Verunreinigungen herum. Jeder Schneekristall enthält in der Mitte ein solches, mit bloßem Auge unsichtbares Teilchen. In Grönland kann man recht häufig Wassertemperaturen unter 0 °C messen. Wenn Schnee eine Dichte von über 550 kg/m^3 überschreitet, wird daraus Firn. Ab 840 kg/m^3 verwandelt sich der Firn in undurchlässiges Eis. Die maximale Dichte für natürliches Eis beträgt 920 kg/m^3. Man trifft sie in ungefähr 500 Meter Tiefe im Zentrum Grönlands an.

Damit Schmelzwasser überhaupt entstehen kann, ist eine erhebliche Sonneneinstrahlung notwendig. Tatsächlich braucht kaltes Eis zum Schmelzen viele Kalorien. Wegen der Sonneneinstrahlung auf dem Inlandeis können die Sommertemperaturen auf 1000 Meter bis auf 15 °C steigen. Dann schmilzt Eis auf einer großen Fläche. Das Wasser bildet mehrere Dutzend Kilometer lange Rinnen. Die Ablationszone entspricht jenem Bereich des Inlandeises, wo der Eisverlust durch das Abschmelzen größer ist als die Akkumulation. In diesem Gebiet schmilzt der Gletscher immer mehr ab, bis zur Gletscherzunge, wo das gesamte Eis abschmilzt. In Südgrönland reicht die Ablationszone bis in 1500 Meter Höhe. Je weiter man in den Norden kommt, umso tiefer

Folgende Seiten:

Erst wenn das gesamte Schmelzwasser durch eine Kältewelle gefroren ist, kann man in die Schmelzwasserrinnen absteigen, die bisweilen unter der Gletscheroberfläche verschwinden.

Die Biologen beginnen dann mit der Suche nach Kryokonitflecken, die das Wasser in Unebenheiten im Eis abgelagert hat, und nehmen Proben.

Professor Alain Couté bei einem Tauchgang in einer teilweise zugefrorenen Schmelzwasserrinne. Er nimmt hier biologische Proben.

liegt diese Grenze. Ganz weit im Norden findet fast keine Eisschmelze statt. In Südgrönland liegen somit die Akkumulationsgebiete oberhalb von 1500 Meter.

Die Gletschergebiete, in denen die blauen Schmelzwasserflüsse entstehen, weisen keine Spalten auf. Das hydrografische Netz an der Oberfläche kann sich somit frei über mehrere Quadratkilometer erstrecken. Das Wasser fließt auf eine Hauptrinne zu, die die kleinen Bäche entwässert. Wenn das Wasser dann in einen Spalt stürzt, entsteht eine Mühle. Die Gletschermühlen bieten uns den einzigen Weg, um die Tiefe eines Gletschers aus eigener Anschauung kennen zu lernen. Im Jahr 1996 fanden wir eine 25 Kilometer lange Schmelzwasserrinne. Sie ist länger als der größte Alpengletscher, der Aletsch, der sich über 22 Kilometer erstreckt! Die Obergrenze dieser riesenhaften Schmelzwasserrinnen befindet sich in sehr feuchtem, ja sumpfigem Firn, der typisch ist für die Akkumulationszone arktischer Gletscher. Das Schmelzwasser sammelt sich im Firn an, bleibt aber oberhalb der wasserundurchlässigen Eisschicht.

In Vertiefungen kann man großen oberflächlichen Seen begegnen, die Schmelzwässer sammeln, bevor sie damit eine Schmelzwasserrinne speisen. Diese hydrologischen Verhältnisse verleihen der Eiswüste Leben. Die Schmelzflüsse treten am Ende unter den Gletscherfronten aus und speisen große Seen, die in Grönland sehr wichtig sind für die Energiegewinnung. Die Hauptstadt Nuuk gewinnt ihren Strom auf diese Weise. Das Süßwasser ist auch für den Konsum wichtig, mag man es nun aus Schmelzwasserflüssen oder aus im Packeis festgefrorenen Eisbergen gewinnen.

Wie verlaufen die Schmelzwasserrinnen?

Den Luftbildaufnahmen zufolge verlaufen die Einzugsgebiete der Schmelzwasserrinnen ungefähr parallel. Sie liegen naturgemäß an den niedrigsten Stellen, die selbst wieder von den darunter befindlichen terrestrischen Tälern vorgezeichnet werden. Das Eisrelief reproduziert teilweise das Relief der Erde, auf dem das Eis ruht. Je näher man an die Küste gelangt, umso dünner werden die Gletscher. Damit zeigen sie noch deutlicher das Relief der Täler. Die Gletscherzungen nehmen dort oft einen schnellen und chaotischen Verlauf und sind meistens schwer zu durchqueren. Das ist der Grund, warum man auf Grönland Spaltengebiete vor allem am Rand des Inlandeises findet.

Die ungefähr parallel verlaufenden Vertiefungen der Oberfläche führen die Schmelzwasserrinnen bis zu einer Spalte, wo sie versinken und anschließend weiter im Eis verlaufen. Wie die Wasserzirkulation im Inneren des Gletschers aussieht, weiß man bis auf den heutigen Tag noch überhaupt nicht. Im Spaltengebiet müssen jedenfalls kilometerlange unterirdische Gänge entstehen. Wie fließt das Wasser bis zu Meer? Das bleibt weiterhin ein Geheimnis.

Ohne Zweifel gibt es Gänge im Gletscher, die wassergefüllt bleiben. Nach unserer Erfahrung in den Alpen gelangt das Wasser nicht bis auf den Boden des Gletschers, wenn die Eisdicke mehrere hundert Meter übersteigt. Der Eisdruck ist dort nämlich zu hoch, um eine Wasserzirkulation zuzulassen. Das Wasser von Seen, die man unter der Eiskappe der Antarktis gefunden hat, ist vielleicht Millionen Jahre alt. Das weiß noch niemand, doch möchte die NASA eine Probe davon gewinnen. Es geht darum, die Technik zu testen, mit der man den vergletscherten Jupitermond Europa untersuchen möchte. Bei jeder Expedition kommen andere Techniken zum Einsatz, um unsere Kenntnisse zu mehren. In einer nächsten Expedition sollen akustische Verfahren zum Einsatz kommen, um etwas mehr über die unsichtbare Zirkulation des Wassers zu erfahren.

Wasser: eine lebenswichtige Ressource

Ungefähr zehn Prozent der Oberfläche unseres Planeten sind von Eis bedeckt. Den Hauptteil davon machen die beiden polaren Eiskappen aus, nämlich die Antarktis am Südpol (14 Millionen Quadratkilometer) sowie Grönland nahe am Nordpol (1,8 Millionen Quadratkilometer). Diese enormen Eismassen machen 99,8 Prozent des terrestrischen Süßwassereises aus. Die Lage der Erde im

Eine ungeheure überdachte Schmelzwasserrinne zeigt deutlich, welche Intensität die Eisschmelze auf dem Inlandeis erreicht.

Zarte Eiskristalle bilden ein wunderschönes Geflecht.

Ein Glazionaut entdeckt einen gigantischen Stalaktiten, der von der Decke einer überdachten Schmelzwasserrinne herabhängt.

Verhältnis zur Sonne schafft günstige Bedingungen für die Lebewesen: Gemäßigte Temperaturen, genügend Licht sowie Wasser in flüssiger Form – die Vorbedingung für das Leben, wie wir es kennen. Forschungen in Grönland sind deswegen wichtig, weil diese ungeheure Wasserressource ein Kapital für die Zukunft darstellt, das man unbedingt besser kennen lernen muss. Grönland beherbergt 2700 000 Kubikkilometer Eis. Das entspricht einer 5 Kilometer dicken Eisschicht über ganz Frankreich und stellt eine ungeheure Süßwasserreserve dar. Wenn sie vollständig abschmölze, würde der Meeresspiegel um 6 bis 7 Meter steigen.

Es wird immer wieder gesagt, dass Grönland nicht erneut entstehen könnte, wenn es einmal abgeschmolzen wäre. Das trifft wohl zu. Eine Eiskappe funktioniert nämlich wie ein Kühlschrank. Sie kühlt die Luft ab, die über ihr zirkuliert. Diese kalte, stabile und schwere Luft verhindert den Zufluss von Warmluft und begrenzt die Schneeschmelze. In einem solchen Gebiet herrscht hoher Luftdruck, was zu einer Art thermischer Autoregulation führt. Nimmt man das Eis weg, so erwärmt sich die Luft und ist weder kalt noch stabil. Ein Gletscher könnte dann nicht wieder entstehen, es sei denn, es kehrt während mehrerer Jahrtausende eine Kaltzeit zurück. Und das sind die Folgen der intensiven Kälte und der thermischen Selbstregulierung: Geringe durchschnittliche Niederschläge in der Größenordnung von 35 Zentimeter pro Jahr im Zentrum Grönlands mit einer mittleren Temperatur von –35 °C. Grönland ist eine trockene Kaltwüste. Zum Vergleich: In den Alpen fallen in 3800 Meter Höhe pro Jahr rund 3,5 Meter Wasser, in der Antarktis nur 3,5 Zentimeter.

Die Gletschermühlen

Mit der Bezeichnung »Gletschermühle« meint man ursprünglich Schächte oder Röhren in festem Gestein mit rundem Querschnitt, die durch das in Gletscherspalten herabstürzende Schmelzwasser ausgekolkt wurden. Die Franzosen verwenden die entsprechende Bezeichnung »moulin«. Auf Grönland liegen die Gletschermühlen im Eis. Von 1996 bis 1997 wurden auf dem Inlandeis fünf Gletschermühlen entdeckt. Zwei davon wurden bis zum Grund erforscht, nämlich die Mühle Louisa und die Moulin des Deux Sœurs, die beide bis in 140 Meter Tiefe reichen. Zwei weitere Mühlen konnten nur teilweise untersucht werden, weil die Schmelzwasserrinnen noch viel Wasser führten, nämlich Minik bis in 70 Meter und Camille bis in 40 Meter. Wir haben zugegebenermaßen einige Gletschermühlen nach unseren engsten Angehörigen benannt. Vom Aussehen her ergeben sich einige Ähnlichkeiten mit den alpinen Gletschermühlen: Ein vertikaler Schacht, der bis in ungefähr 120 Meter Tiefe seinen Durchmesser von rund 10 Meter beibehält, dann eine waagrechte Galerie, schließlich eine Verengung und ein Siphon (140 Meter Tiefe).

Andere Mühlen erweitern sich auf Grund des Fallschirmeffekts der Schmelzwasserrinnen nach unten. Dies ist eine Besonderheit der tiefen Gletschermühlen Grönlands. Das Schmelzwasser fächert sich nämlich nach dem Sturz in die Spalte auf und verbreitert den Schacht mit zunehmender Tiefe. Aus Sicherheitsgründen kann man die entstandenen Höhlungen erst untersuchen, wenn sie vollständig ausgetrocknet sind. Die größte Gefahr geht dabei vom kalten Wasser aus, wobei das Risiko besteht, dass mit dem Wasser größere Eisteilen herabstürzen. Für diese Art Forschung sind die speläologischen Techniken sehr geeignet. Aber auch über ein alpinistischen Grundwissen sollte man verfügen, zum Beispiel über Erfahrung im Umgang mit Eisschrauben, Eispickel und Steigeisen.

Wie entsteht eine Mühle?

Alle Gletscher dieser Welt sind in Bewegung: Die kalten Gletscher, deren Eis am Fels festgeklebt ist, in langsamer, die sehr dicken, viel wärmeren Gletscher in schnellerer, weil deren Eis am Gletscherfuß nicht festhängt. Die Bewegungen führen zu Spannungen im Inneren und zu Deformationen des Eises. Wenn die Kräfte größer werden, als das, was das Eis an Deformation aushält, so öffnet sich mit einem trockenen

Diese Schmelzwasserrinnen sind flüchtige Gebilde: Sie verändern sich von Jahr zu Jahr oder verschwinden, weil sich der Gletscher vorwärts bewegt und sich dabei neue Spalten öffnen.

Wie Glühwürmchen leuchten die Zelte in der blauen Polarnacht auf.

Die polare Kälte zeichnet abstrakte Figuren auf die gefrorene Oberfläche von Seen.

Krachen eine Spalte. In den meisten Fällen erzeugen wechselnde Hangwinkel und Fließgeschwindigkeiten des Eises solche Spalten. Je nach Durchflussmenge des Schmelzwassers, der Textur und den Schwächestellen im Eis, gräbt das Wasser Schächte oder waagrechte Galerien, sogar treppenförmige Gänge. Das Wasser, das im Schacht verschwindet, kann später mit komprimierter Luft wieder nach außen austreten (Mühle Kim im Juli 1998). In diesem Fall »bläst« die Mühle wie ein Wal, was von weitem zu sehen ist. Aktive Mühlen treten oft mehrere Sommer hintereinander auf, doch sind auch alle anderen denkbaren Fälle möglich. Die Mühle kann sich zur Zeit der Eisschmelze sehr schnell mit Wasser füllen, sich im Herbst vollständig entleeren und steht erneut der Forschung zur Verfügung. Es ist aber immer absolut notwendig, dass alle Wasser versiegen, bevor man eine solche Mühle betritt.

Wenn sich im Verlauf der Schmelzwasserrinne eine neue Spalte öffnet, entsteht auch eine neue Mühle. Die alte Mühle bezeichnen wir dann als »fossil«. Sie füllt sich mit Wasser und Schnee, verformt sich und schließt sich am Ende langsam.

Unter dem Eis: eine Welt voller Geheimnisse

Die Erforschung von Gletschermühlen ist erst neuesten Datums. Der allererste Forscher war der berühmte Joseph Vallot, der zusammen mit M. Fontaine in den Jahren 1896 und 1897 die Gletschermühle im Mer de Glace mit Strickleitern aus Hanf bis in 60 Meter Tiefe untersuchte. Er hinterließ uns eine Skizze. Es gab sicher noch andere Wagemutige, die sich vor diesen beiden in Spalten vorwagten, etwa der Glaziologe Louis Agassiz in den 1850er-Jahren. Einige drangen wohl durch das Tor an der Zunge in den Glacier des Bois und den Glacier du Rhône ein. Lange Zeit galten diese als Kuriosität, weil sie nahe an Dörfern lagen.

Wir haben nur wenige Informationen über diese Pionierleistungen. Lange Zeit hatte man nämlich Angst vor wachsenden Gletschern. In der kleinen Eiszeit drangen sie in die Alpentäler vor und zerstörten auf ihrem Weg Häuser, Stallungen und fruchtbares Land. Geistliche wurden gerufen, um das »Eismonster« durch Gebete wieder zum Rückzug zu bewegen. Damals betrat kaum jemand dieses Gebiet, das als Bereich »der armen Seelen und des Teufels« galt. Man glaubte sogar, man könne nicht auf einem Gletscher ein Camp errichten – bis zum Biwak des Kristallsuchers Jacques Balmat, der im Jahre 1786 bei der Erstbesteigung des Mont Blanc überrascht feststellen musste, dass er am anderen Morgen noch am Leben war.

Gletscher verursachten auch einige Katastrophen: 1818 entleerte sich der vom Glacier de Gietroz in der Schweiz aufgestaute See und tötete mehrere Dutzend Menschen. Ähnliches geschah 1892 beim französischen Glacier de Tête Rousse, der 175 Opfer forderte. Trotz des gestiegenen Interesses an den Gletschern gab es nach Vallot keine echte Forschung an Gletschermühlen – bis zu den Forschungen schweizerischer und französischer Speläologen in den Jahren von 1970 bis 1980.

Der Abstieg in Gletschermühlen bietet dem Glaziologen die Gelegenheit, einzigartige Beobachtungen anzustellen und an Ort und Stelle Proben zu entnehmen. Tatsächlich befindet sich der Forscher vor einem natürlichen Aufschluss des Gletschers in der Tiefe. Und die eigene Anschauung lässt sich in diesem Fall auch nicht durch künstliche Probebohrungen ersetzen. Die Randgletscher Grönlands, die wir erforschen, sind zwischen 20 000 und 50 000 Jahre alt. Das bedeutet eine Zeitreise! Bei diesen Beobachtungen können wir auch neue Lebensformen entdecken, im Pflanzen- wie im Tierreich.

Ein Gletscher ist nicht nur eine Eisoberfläche. Er hat einen Volumen, eine verborgene Masse, in der die gesamte Gletscherdynamik ihren Sitz hat, das Geheimnis der Schmelzwasserzirkulation, die Vorwärtsbewegung und Deformation, seine abtragende Kraft, die alten Eisbereiche. Der einzige Weg, ins Innere des Gletschers vorzudringen und Beobachtungen anzustellen, bieten die Gletschermühlen, die vom Schmelzwasser gegraben werden. Es trifft zu, dass wir nicht immer Besonderheiten entdecken: die Galerien sind flüchtige Erscheinungen, die jeden Sommer in neuer Form gegraben werden. Um vertiefte Forschung betreiben zu können,

Ein Glazionaut verlässt den Sturm, der das Inlandeis peitscht und steigt in die ruhige Tiefe einer Gletschermühle ab.

Je tiefer die Forschungsteams vordringen, umso intensiver wird das Blau des Eises.

Für Glaziologen, die Gletscher an der Oberfläche, aber nicht in der Tiefe kennen, bieten die Gletschermühlen Grönlands die außergewöhnliche Gelegenheit, das Verhalten des Eises unter großem Druck in der Tiefe zu beobachten.

muss man jedes Jahr zurückkehren. Es ist tatsächlich hoch interessant, die Entwicklung einer Mühle vom Jahr zu Jahr zu verfolgen. Sie gräbt sich dabei etwas tiefer ein oder trocknet aus und fossilisiert, füllt sich mit Schmelzwasser oder Schnee oder schließt sich langsam. Einige Mühlen haben Eisgesimse in verschiedenen Höhen. Das zeigt uns, dass sich der Hohlraum mit Wasser gefüllt und auch erneut entleert hat, nachdem sich das Wasser seinen Weg durch eine Spalte gebahnt hat.

Forschungen im Tiefeneis: eine Zeitreise

Wenn Schnee fällt, bleibt darin Luft mit allen transportierten unsichtbaren Teilchen gefangen, die wir auch als Aerosole bezeichnen (Treibhausgase, vulkanische Aschen, Meeresgischt, umweltbelastende Stoffe, Pollen, radioaktive Teilchen, Sand- und Staubpartikel usw.). Eis gehört zu den ganz wenigen Stoffen auf der Erde, die Proben fossiler Luft enthalten, wie sie unsere Vorfahren atmeten. Der Forscher M. Daansgard vom Danish Polar Center entdeckte, dass der Sauerstoffgehalt des Eises mit der Temperatur schwankt. Chemiker in glaziologischen Laboratorien können anhand dieser Schwankungen die Temperatur bestimmen, bei der die Eisbildung erfolgte.

Entsprechende Forschungen mit internationalen Teams führt in Grönland die Station Summit (3300 Meter über dem Meer) durch. Die Bohrungen machen es bei einer Eisdicke von 3028,8 Meter möglich, 250 000 Jahre zu überblicken. Die Tiefenbohrung von Vostok in der Antarktis umfasst sogar vier Eiszeiten und damit 420 000 Jahre. Damals entdeckte der Vorfahr des Menschen gerade das Feuer! Das Eis der großen Alpengletscher hingegen ist nicht mehr als einige hundert Jahre alt.

Die Eismasse strahlt gegen die Ränder des Gletschers aus, wo sie entweder abschmilzt oder große Eisblöcke abgibt, die Eisberge. Wir arbeiten im Ablationsgebiet des Gletschers in der Umgebung des Polarkreises und erforschen an der Westküste Eis, das an der Oberfläche 20 000 bis 50 000 Jahre alt ist. Wenn wir 150 bis 200 Meter tief in den Gletscher eindringen, gelangen wir in ein Eis, das noch mehrere Jahrhunderte bis Jahrtausende älter ist.

Die Gletschermühle Louisa

Nach zwei Regentagen nahm die Schmelzwasserrinne der Mühle Louisa ihre Aktivität wieder auf, sodass wir nicht mehr absteigen konnten. Drei Tage später übernahm eine Spalte, die einen Meter höher lag als die Mühle, das gesamte Wasser. Die Hauptmühle trocknete aus und erlaubte uns erneut einen Abstieg. Der Lärm des Wassers war bis zum Boden der Mühle zu hören, ohne dass wir es jedoch zu Gesicht bekamen. Die Mühle entwickelte sich zu vielleicht nur augenblicklicher Fossilisierung hin. Wir jedenfalls konnten beobachten, wie sich eine Gletschermühle entwickelt, nachdem sie ihr Schmelzwasser durch eine Spalte weiter flussaufwärts verloren hat. Ohne Probleme konnten wir die Mühle 15 Tage lang betreten. Das ist eine außergewöhnlich lange Zeit. Oft füllen sich nämlich Mühlen, wenn der Wasserfluss zurückgeht. Das Wasser hält die Mühle am Grund nicht mehr offen, sie schließt sich in der Tiefe und läuft schließlich voll.

An den Wänden der Gletschermühle Louisa installierten wir zehn kleine Holzmarkierungen in 120 Meter Tiefe. Jeden Tag maßen wir die Distanz zwischen diesen Markierungen mit Hilfe eines Infrarot-Entfernungsmessers. 13 Tage lang hintereinander konnten wir verfolgen, wie sich der Hohlraum schloss. Das war seit 1993 die längste Beobachtung dieser Art. Und es handelte sich nach unserem Wissenstand um die ersten Messungen über die Eisdeformation in der Tiefe. Die maximale festgestellte Schließbewegung betrug innerhalb von 15 Tagen genau 73 Zentimeter (größter Durchmesser der Mühle am 4. September 4,66 Meter, am 19. September 3,93 Meter).

Die gemessene Eistemperatur lag konstant bei –1,3 °C. Die Wassertemperatur im Grund der Mühle war –0,6 °C. Es handelte sich also um unterkühltes Wasser. Wegen seiner Reinheit blieb es im flüssigen Aggregatzustand. Diese Messungen erlaubten es uns, zum ersten Mal die Deformation des Eises mitzuverfolgen. Sie trugen zu einem besseren Verständnis der Gletscherdynamik bei. Diese spielt eine wichtige Rolle für das Leben auf der Erde, das Klimasystem und die Ressource Wasser.

Die Inlandeis-Expeditionen eröffnen den Forschern ein geologisches Fenster in längst vergangene Zeiten. Das Studium der Eisschichten in der Tiefe ergab, dass sie zwischen 50 000 und 300 000 Jahre alt sind.

Im Lauf der Jahre perfektionierte Janot Lamberton die Erforschung von Gletschermühlen, wobei er speläologische und alpinistische Techniken miteinander verband. Die Vorhut muss wegen vieler Risiken immer sehr schnell arbeiten.

Der Blick nach oben in einer senkrechten Gletschermühle aus einer Tiefe von 132 m.

Ein Tauchversuch in einem See am Grunde einer Gletschermühle in einer Tiefe von 96 m. Der Taucher Marc Delavière und der Fotograf Philippe Bourseiller unternehmen sieben Versuche im Eis. Sehr schnell jedoch gefriert das unterkühlte Wasser im Bereich des Mundstücks, was sie jedes Mal zu einem Notaufstieg an die Wasseroberfläche zwingt. An den Eiswänden hängen die Männer, die für die Sicherheit zuständig sind. Sie reichen ihren Kameraden das benötigte Material.

Die Glazionauten sind dauernd auf der Suche nach Kryokonitspuren, die in netzförmigen Sekundärgalerien hängen geblieben sind. Sie haben den Vorteil, durch das Schmelzwasser weniger ausgewaschen zu sein.

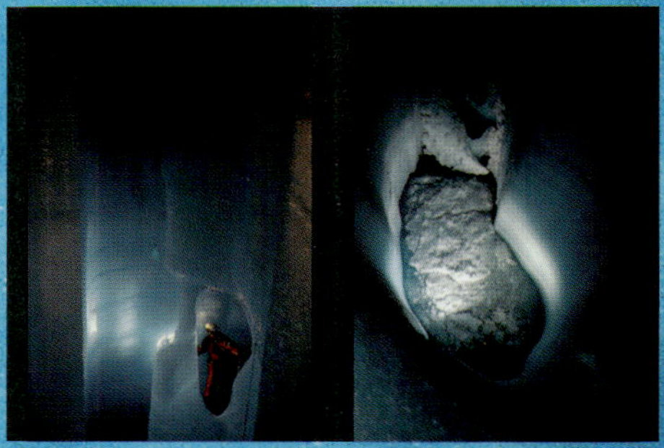

Neuer Tiefenrekord bei 203 m unter der Oberfläche des Inlandeises. Janot Lamberton und sein Sohn Maël werden hier von einem gefrorenen See aufgehalten.

Maël bestaunt die Lichtreflexe seiner Lampe an einem Eisstalagmiten.

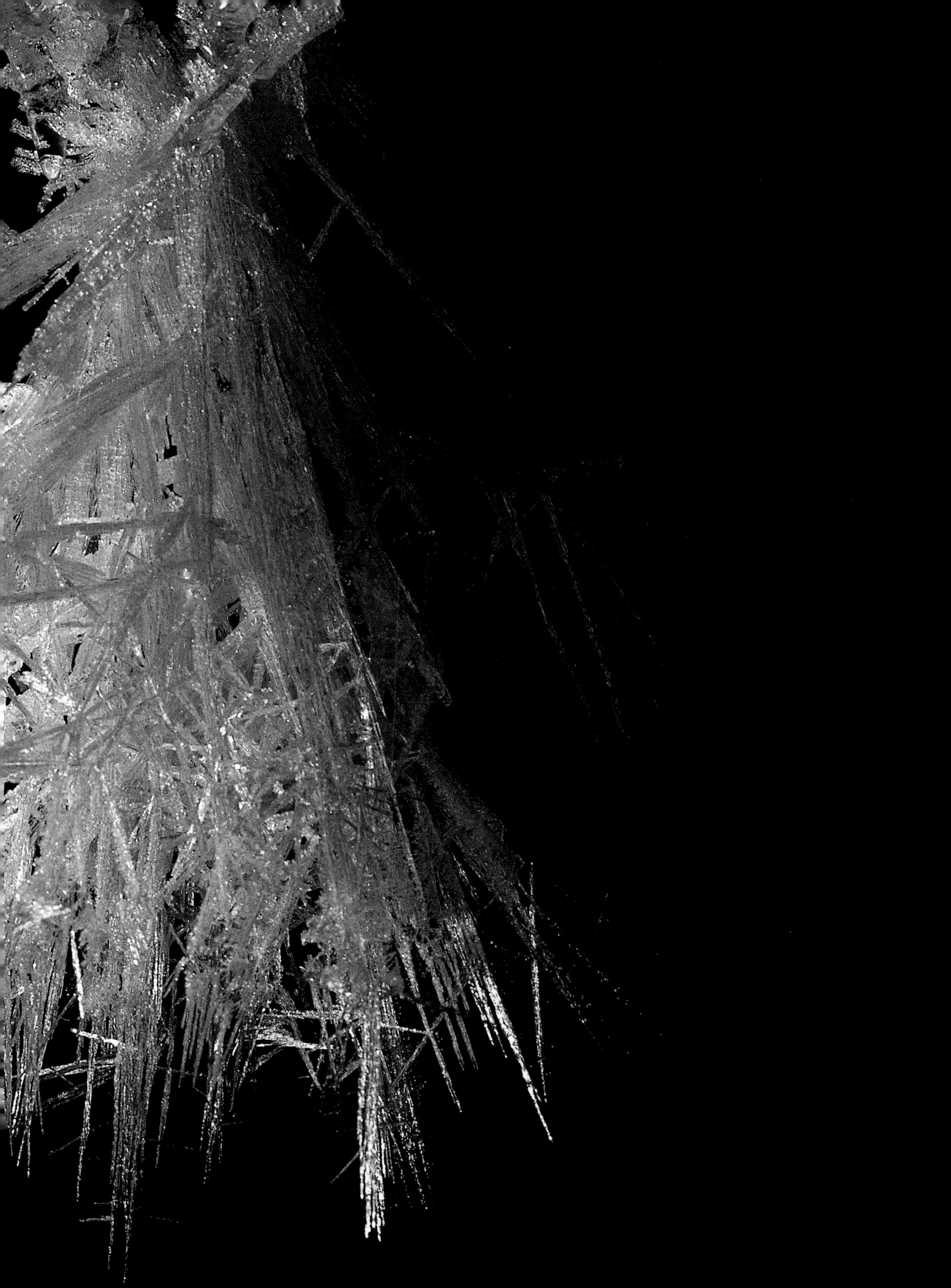

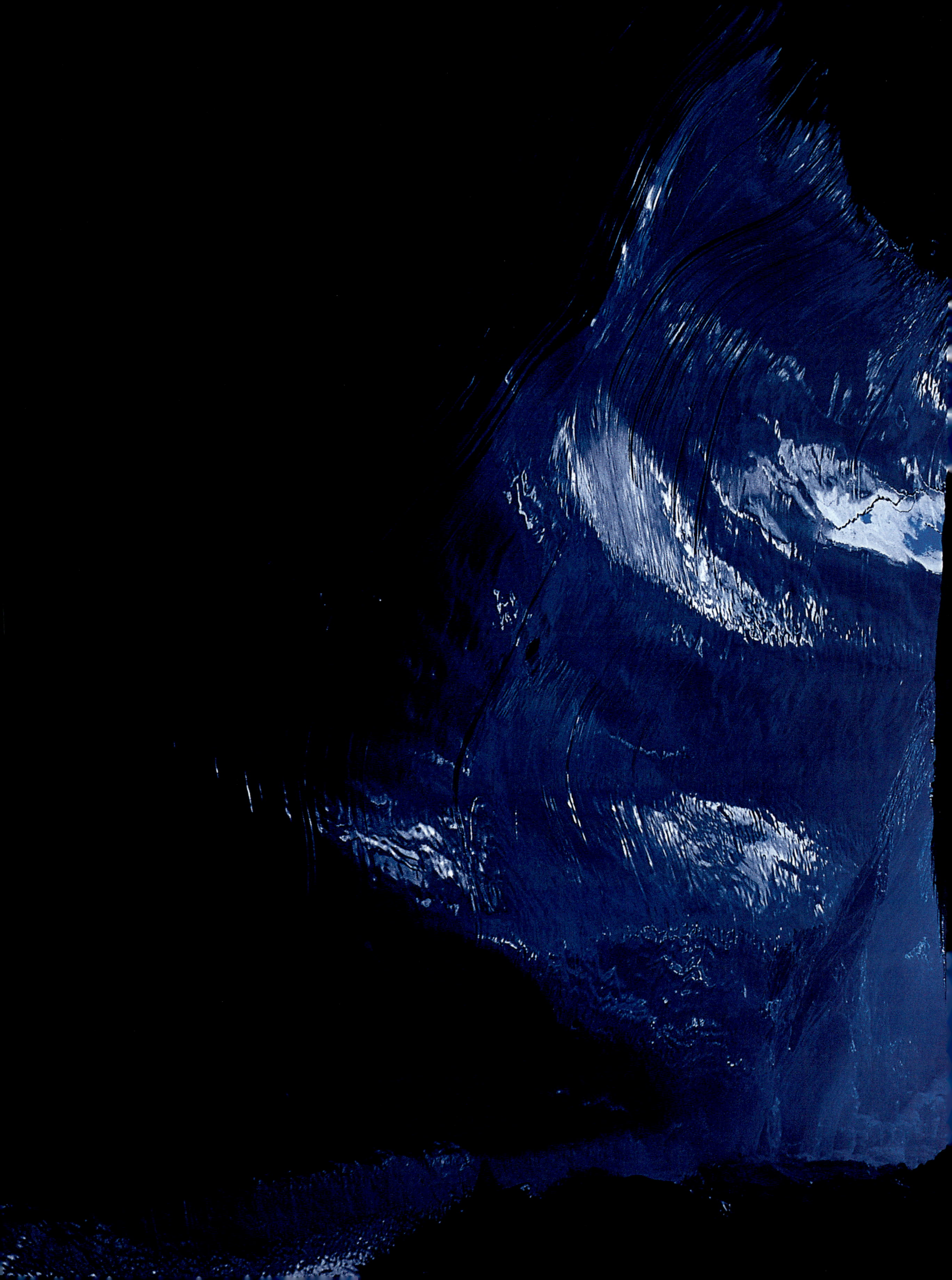

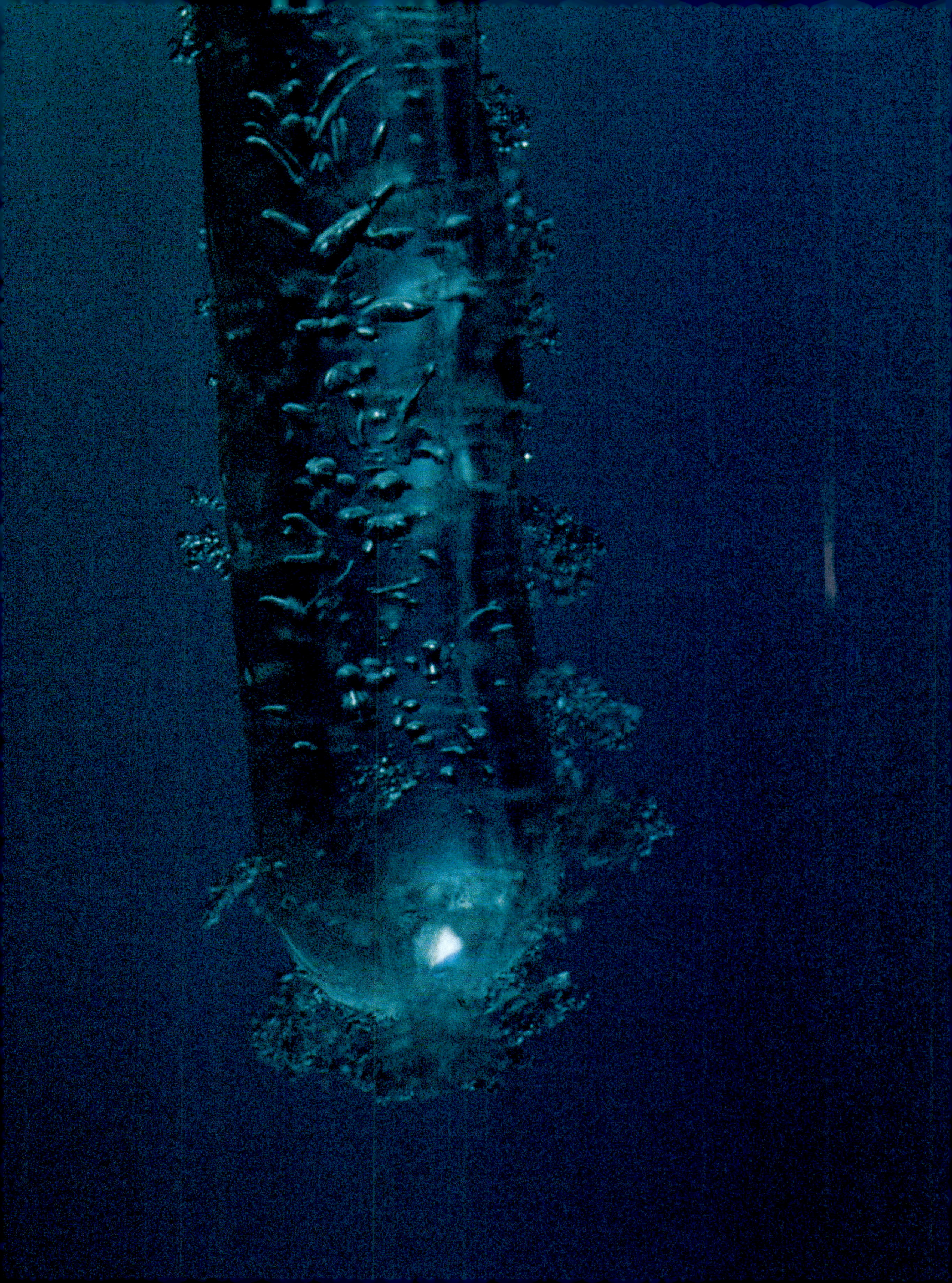

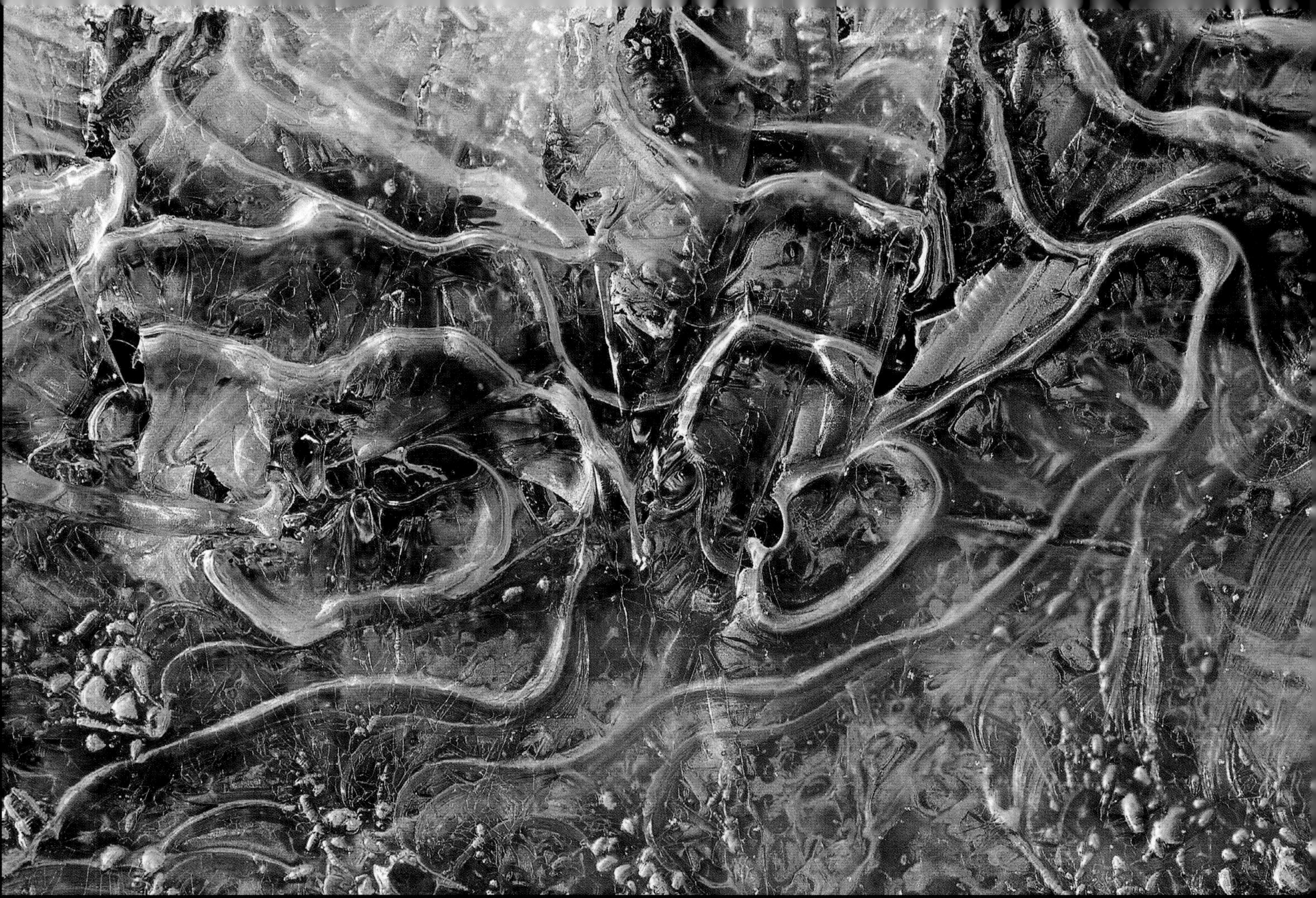

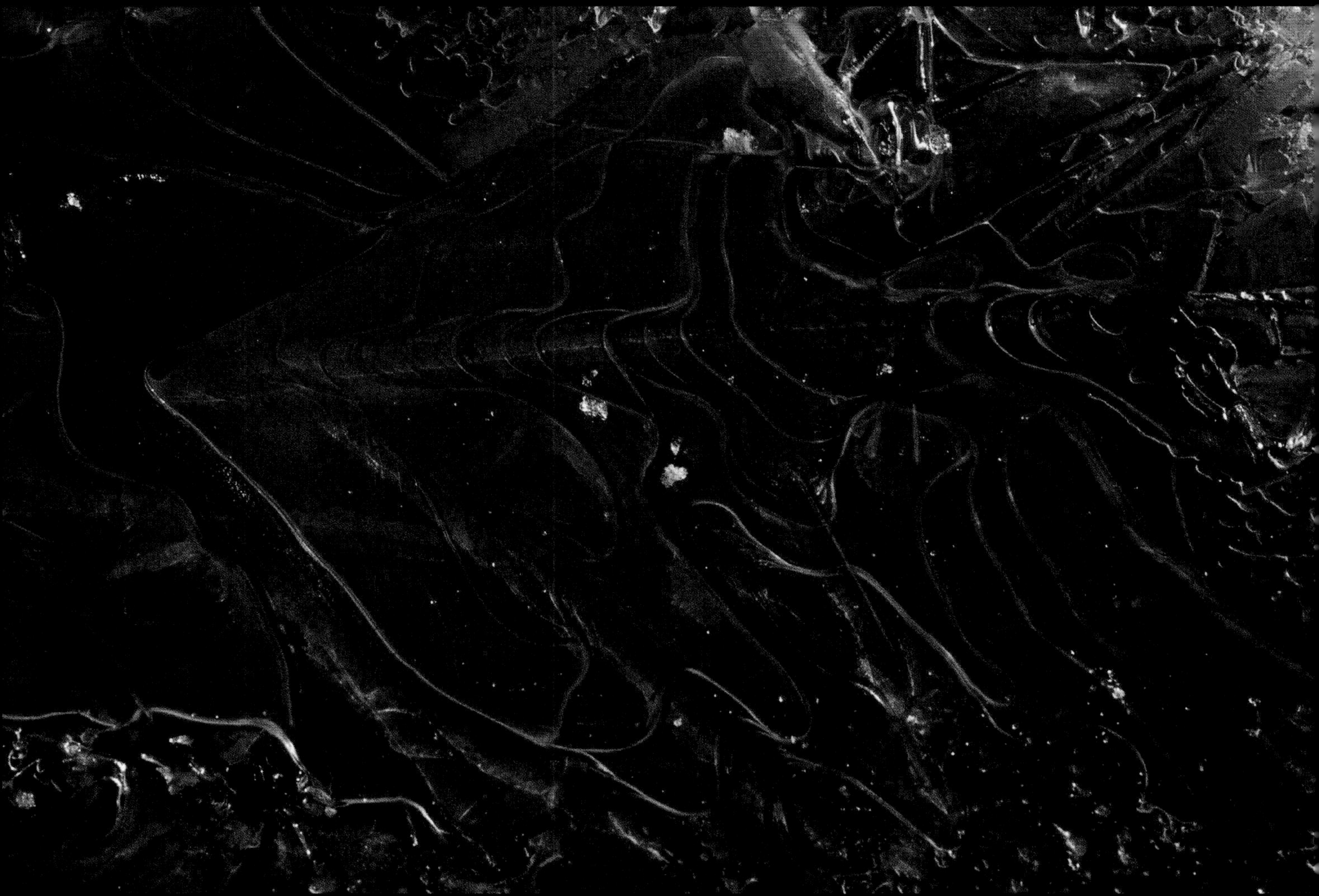

de
l'Aventure
DANFOSS

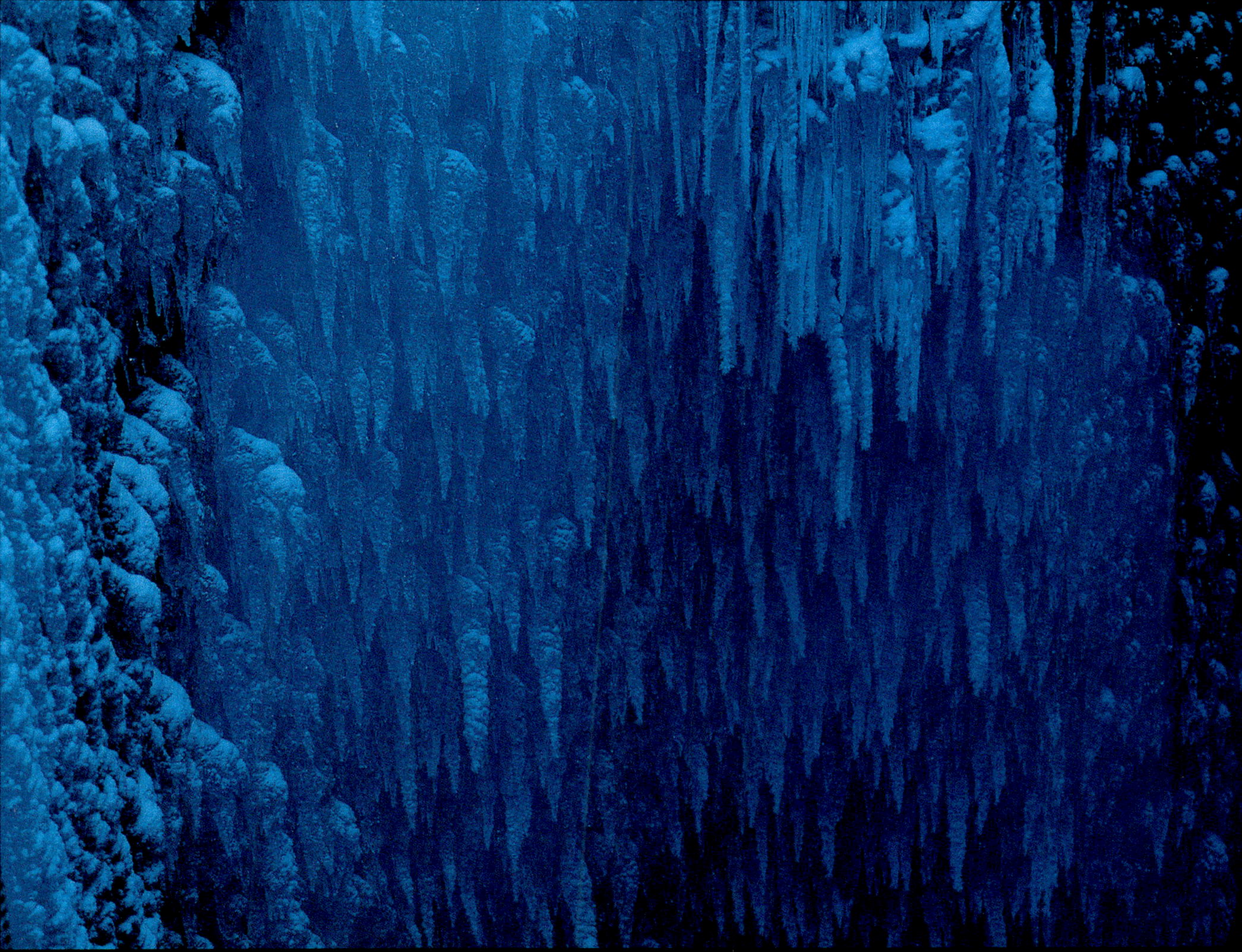

Glaziologen messen die Durchflussgeschwindigkeit des Wassers in einer Schmelzwasserrinne und können damit Rückschlüsse auf den Durchmesser und die Tiefe der Gletschermühle ziehen.

Wissenschaftliches Tagebuch

Von Luc Moreau und Louis Reynaud

Grönland hat eine Oberfläche von rd. 2 175 600 Quadratkilometern, und 84 Prozent der Insel sind von Eis bedeckt. Dies entspricht der zweitgrößten Eisreserve der Welt. Die Temperaturen schwanken von –40 °C im Winter bis zu +15 °C im Sommer. Für unsere wissenschaftlichen Forschungen kehren wir jedes Jahr nach Grönland zurück. Es ist unser Ziel, möglichst viele Informationen darüber zu sammeln, wie die Eiskalotte mit ihrer ungeheuren Süßwasserreserve funktioniert, welche Gleichgewichte in ihr herrschen und welche Rolle sie für den Planeten und seine Bewohner spielt.

Unter den Themen, die uns beschäftigen, sind vor allem zu nennen:

- die Ressource Wasser und ihre Verwendung für den Konsum, die Landwirtschaft und die Energieerzeugung;
- die Erwärmung des Weltklimas und das Abschmelzen der Gletscher;
- Risiken im Zusammenhang mit Wassertaschen im Gletscher;
- Stromerzeugung durch Wasserkraft auf Grönland;
- Probleme der Fassung von Wasser unter den Gletschern in den Alpen;
- die karstartige Wasserzirkulation im Gletscher;
- die Rolle des Wassers bei der Bewegung des Gletschers auf dem Untergrund (alpine Gletscher; Existenz, Bildung und Alter großer Seen unter dem antarktischen Eis).

Ein grundlegender Aspekt unseres Interesses für Grönland liegt in der Hydrologie und Hydrografie der Schmelzwasserrinnen. Sie graben sich in den Gletscher ein und verschwinden in großen Schlünden, den Gletschermühlen. Die Rolle des Wassers auf, in und

Die britische Forscherin Sandra Mac Innes vom British Antarctic Survey filtert Luft und sammelt dabei Staubteilchen ein, die vom Wind herantransportiert werden.

unter den Gletschern ist heute eines der wichtigsten Themen der Glaziologie.

Die Hydrologie des Gletschers

Es ist eine ganz wesentliche Aufgabe, die Höhlungen im Eis zu erfassen, zu beobachten und zu überwachen. So gelangt man zu einem besseren Verständnis der Entwicklung der Oberflächengewässer (Schmelzwasserrinnen) sowie der Kryokarstgewässer in der Tiefe (Spalten, Galerien, aktive oder fossile Gletschermühlen). Wir versuchen, die Hydrografie der Schmelzwässer im Gletscher, ihren Verlauf und die Eindringtiefe besser zu verstehen. Die Wissenschaft beginnt erst jetzt, die Rolle und Bedeutung der Wasservolumina, die in und unter alpinen und polaren Gletschern zirkulieren, zu erfassen. Zunächst handelt es sich um ein rein wissenschaftliches Interesse, denn es geht darum, die Schmierung des Gletschers durch das Wasser, die beschleunigte Gletscherbewegung in den Alpen und das Fehlen des Gleitens bei polaren Gletschern zu erklären.

Dies alles hat aber auch seine angewandten Seiten, weil einige Energieerzeuger in Europa Wasser unter Gletschern fassen und mit zahlreichen Problemen im Zusammenhang mit der schwankenden Wasserführung zu kämpfen haben. Unsere Forschungen liefern auch Ergebnisse, die für die Energieerzeugung in Grönland von Interesse sein dürften. Um die Energie dieser unterirdischen Flüsse nutzen zu können, muss man ihre Zirkulation und die möglichen Änderungen ihres Verlaufes vorhersehen können.

Die weltweite Erwärmung des Klimas und das Abschmelzen des Eises

Wir möchten unsere Kenntnisse über die Bewegungen der kalten polaren Gletscher verbessern. Diese werden bei den Vorhersagen über die Zukunft der Gletscher angesichts der Klimaerwärmung nur selten berücksichtigt. Wir wissen, dass die weltweite Erwärmung schon erste Auswirkungen auf das zerbrechliche

1. Der Grönländer Kim Michael Petersen ist verantwortlich für die Probenahmen und Sicherheit der wissenschaftlichen Teams.

2.+3. Der Glaziologe Luc Moreau und Jacques Barthelémy messen im Bett einer Schmelzwasserrinne die Eistemperatur in verschiedener Tiefe sowie die Verformung einer Gletschermühle.

Gleichgewicht in Grönland hat. Die Erhöhung der Lufttemperatur hat mehrere Auswirkungen: Die Dicke der Gletscher nimmt in gewissen Abschnitten zu und verringert sich wieder in anderen Abschnitten. Dadurch ergeben sich erhebliche Schwankungen in der Zahl der Eisberge, die am Rand der Eiskalotte ins Meer abgegeben werden.

Die Untersuchung von Hohlräumen in Gletschern

Funktion und Dynamik der Gletschermühlen stehen im Zentrum unseres Interesses. Wir möchten mit der morphologischen Klassifikation der Hohlräume im Eis in Abhängigkeit vom Volumen der Schmelzwasserrinne und der verschiedenen Gletscherarten, der gemäßigten wie der polaren, weiter fortfahren. Diese grundlegenden Forschungen lassen sich mit jenen vergleichen, die wir schon in den Alpen unter weniger extremen Bedingungen durchführen. Bislang weiß man nichts über die Wasserzirkulation in polaren Gletschern. Mit der Entdeckung von Seen unter Gletschern in der Antarktis wie des Vostok-Sees (Tiefe 600 Meter, 25mal so groß wie der Genfer See) finden unsere Studien über die Hydrologie und die Abstiege im Inneren von Gletschern in den Alpen und in Grönland ihre Rechfertigung. Der Informationsbedarf ist groß, weil man die erheblichen Schmelzwassermengen beim Austritt aus dem Gletscher gewinnen möchte. Heute erkennt man immer besser, welche Rolle das Schmelzwasser im und unter dem Gletscher bei der Abtragung und der Fließbewegung des Eises spielt.

Grundlegende Untersuchungen zum Eis

Wir versuchen, die Bedingungen, die im tiefen Eis herrschen, zu erfassen und zu messen: Schließung von Hohlräumen, Verformung und Temperaturschwankungen des Eises. Die Weltraumforschung, besonders die Erkundung der Eismonde des Jupiter, die für die nächste Zukunft vorgesehen ist, verleiht unseren

Die dänische Wissenschaftlerin Anette Grongaard untersucht Löcher im Eis, die durch Kryokonitablagerungen entstanden sind.

Expeditionen eine besondere Bedeutung. Unser Ziel ist es, den Wasserzyklus der Eiskappen der Erde zu verstehen.
Im Feld beschäftigen wir uns mit verschiedenen Themen:

- dem Inventar und dem Studium der Schmelzwasserrinnen, die die ersten sichtbaren Phänomene im Zusammenhang mit der Eisschmelze darstellen sowie
- die Erforschung der Gletschermühlen, die von Schmelzwasserrinnen gegraben werden und die bisweilen mehrere hundert Meter tief sind. Wir erweitern dabei unsere Kenntnisse über die Spaltenmorphologie im Eispanzer und über das Verhalten des Eises bei hohen Drücken.

Untersuchung der Schmelzwasserrinnen am Beispiel von Carita

Die wichtigste Schmelzwasserrinne, die 1996 entdeckt und Carita genannt wurde, ist stellenweise bis zu 25 Meter tief. Der Schmelzwasserfluss nimmt immer denselben Verlauf. Er entwässert mehrere Dutzend Quadratkilometer, sodass wir annehmen durften, dass die Gletschermühle von Carita eine bedeutende Tiefe erreicht.

Wir verfolgen ihre Evolution seit 1996 mit Durchflussmessungen. Die Erkundung reicht bis 6 Kilometer flussaufwärts. Im August betrug die Durchflussmenge 35 Kubikmeter pro Sekunde – gemessen mit einer Sonde und einer Stoppuhr. Ihr Verlauf zeigt hübsche Formen, starke Eintiefungen in hohen Bereichen sowie Verbreiterungen in tiefen Bereichen. Das beweist uns, dass die Schmelzwasserrinnen ihre Betten in Abhängigkeit von den horizontalen und vertikalen Bewegungen des Gletschers modellieren. Die langsamen Fließbewegungen des Gletschers haben aber auf Verlauf der Schmelzwasserrinne nur geringen Einfluss.

Bei verschiedenen Expeditionen zu Fuß stießen wir auf neue Formen von Schmelzwasserrinnen in Abhängigkeit vom Eisrelief, so etwa 1996 bei der Erkundung einer Gletschermühle, die auf einer Eiswölbung liegt. Flussaufwärts bildete die Schmelzwasserrinne Mäander auf einem flachen Relief, ohne ein

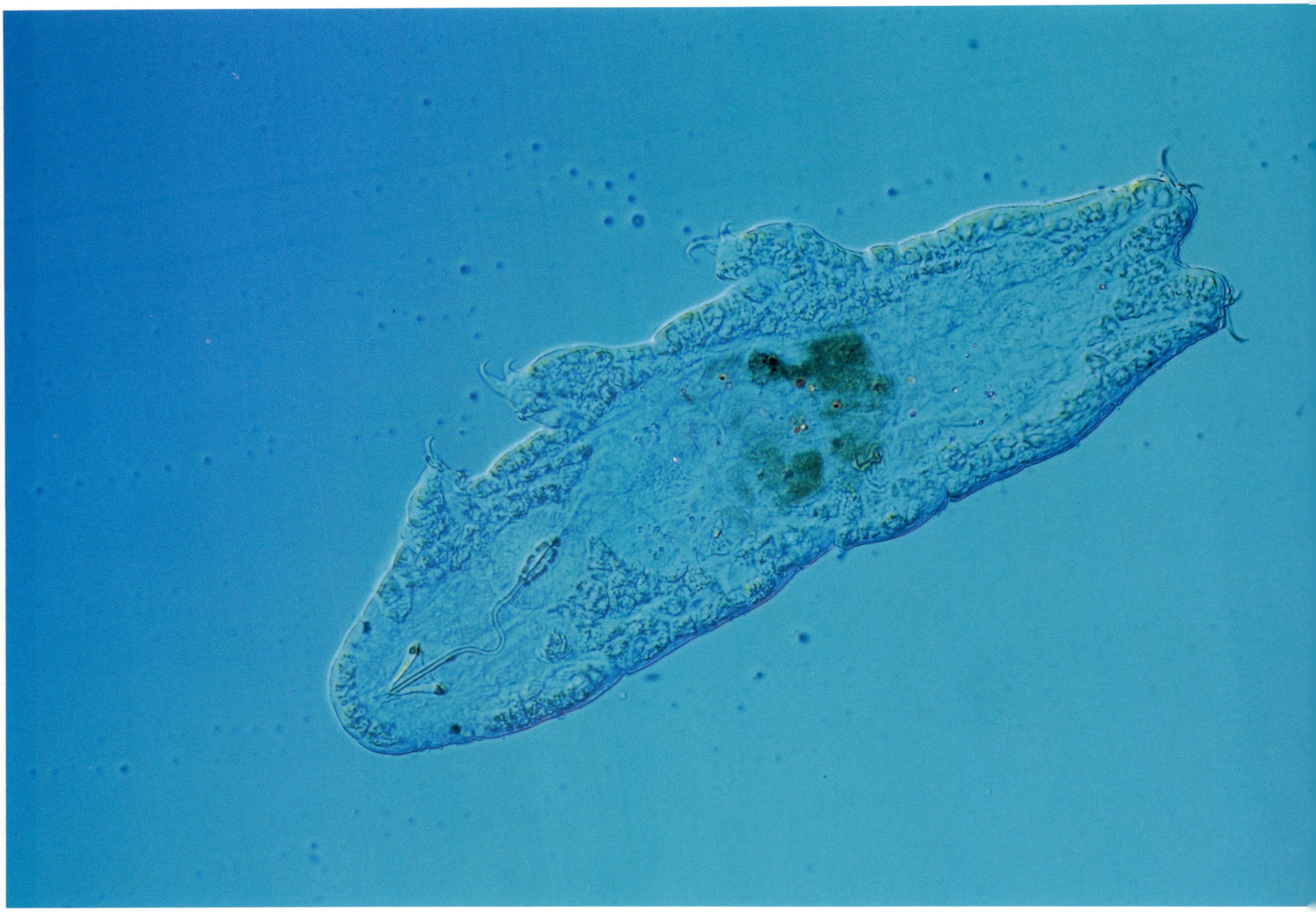

Die Bärtierchen oder Tardigraden sind nur wenige Zehntelmillimeter lang und weisen eine bemerkenswerte Eigenschaft auf: Sie können ihr Körperwasser vollständig abgeben. Vollkommen dehydriert lassen sie sich im Eis einfrieren. Wenn die Temperaturen wieder ansteigen, kehren sie zum aktiven Leben zurück.

eigentliches Bett zu bilden (der Höhenunterschied betrug nur einen Meter). Dann jedoch durchschnitt sie eine Eiswölbung, die wahrscheinlich erst nach Bildung des ersten Bettes entstanden war. Das Wasser hatte sich je nach der Höhe des Gletschers mehr oder minder tief ins Eis eingegraben. Diese Erscheinung bezeichnet man als Antezedenz. Die Gletschermühle liegt dabei im Zentrum des Reliefs, ähnlich wie der Krater eines Vulkans.

Die Erforschung der Gletschermühlen

Bei früheren Expeditionen haben wir mehrere Techniken zur Messung der Temperatur und Verformung des Eises in der Tiefe der Gletschermühlen entwickelt. Unsere Beobachtungen erstrecken sich auch über die räumliche Struktur der Mühle und zeigen, wie das Wasser im Inneren des Gletschers zirkuliert. Damit können wir Informationen über die Richtung bereits bestehender, von den Wasserläufen gebildeter Spalten sowie über die Tiefen sammeln, in denen diese maximal noch anzutreffen sind.

In den Alpen reichen die Forschungen nicht über 110 Meter Tiefe hinaus. In Grönland lässt die starke Abtragung aufgrund der erheblichen Durchflussmenge gigantischer Schmelzwasserrinnen (30 bis 40 Kubikmeter pro Sekunde im Juli) hoffen, dass man noch größere Tiefen erreichen kann als die 203 Meter, die 1998 als Rekord aufgestellt wurden. Es ist anzunehmen, dass die horizontalen Gänge, die diese Durchflussmenge aufnehmen, sehr viel größer als bisher angenommen sein müssen.

Es handelt sich hier um ein sehr originelles Forschungsprogramm, denn bisher hat sich nur eine kleine Zahl von Forschern der Tiefenerkundung von Gletschern anhand der Gletschermühlen interessiert. Ganz allgemein gesagt, steckt das Studium der Wasserzirkulation im Inneren der Gletscher noch in den Kinderschuhen – trotz des damit verbundenen praktischen Interesses für die Fassung von Gletscherwasser zur Erzeugung elektrischen Stroms, sei es in den Alpen oder anderswo, denn die Mechanismen, die dabei eine Rolle spielen, sind trotz der Temperaturunterschiede des Eises grundlegend dieselben.

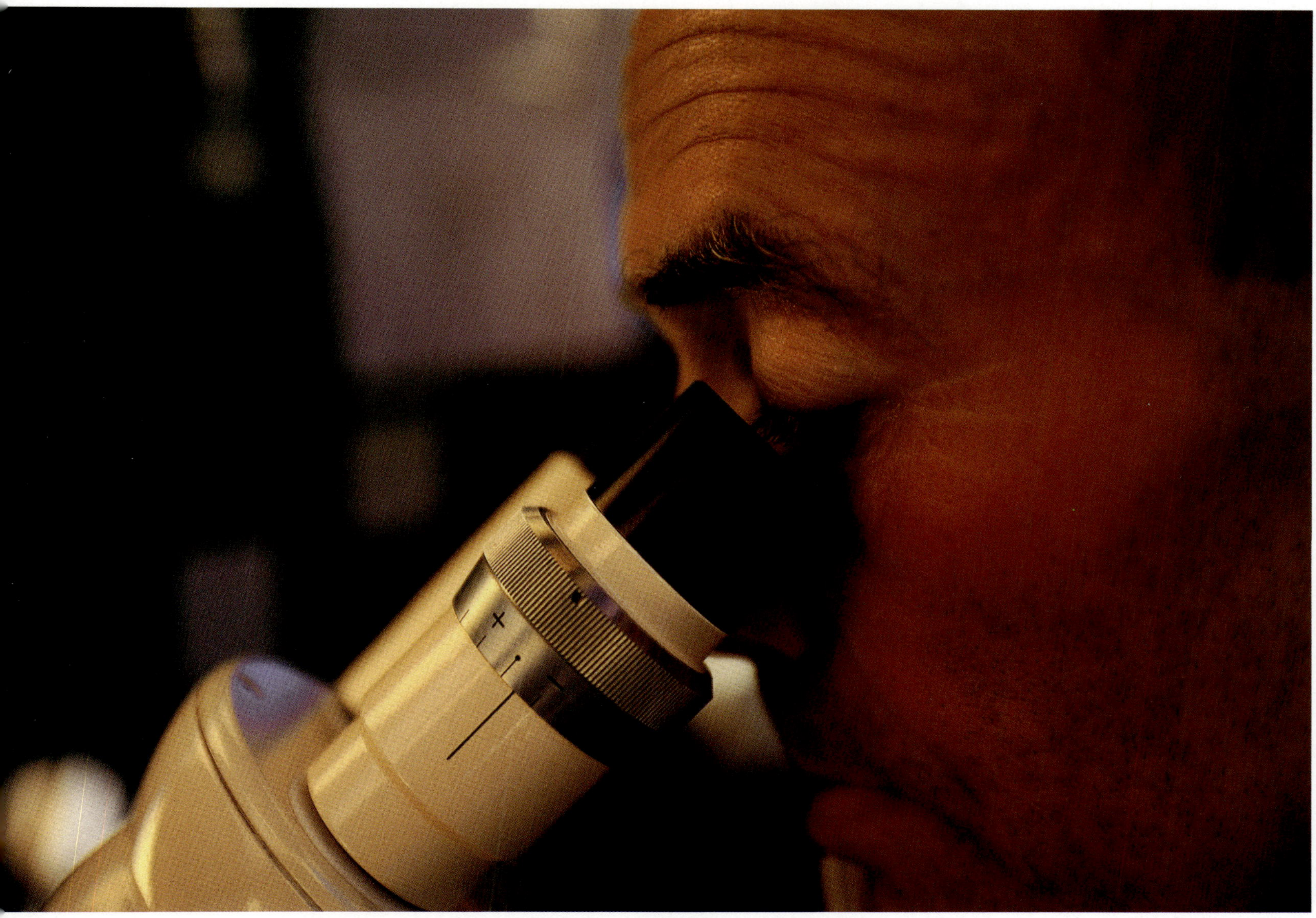

Professor Alain Couté vom Muséum d'Histoire Naturelle in Paris betrachtet im Mikroskop seine Tagesausbeute.

Die Wasserzirkulation im Gletscher

Obwohl sich durch unsere Forschungen an Gletschermühlen schon ein mögliches Modell der Wasserzirkulation im Inneren der Gletscher abzuzeichnen beginnt, sind noch viele Hindernisse zu überwinden, die manchmal tiefer als 150 Meter liegen: die Siphone. Man versteht darunter Verengungen innerhalb der Höhle, wobei die Decke soweit absinkt, dass sie mit dem Boden in Berührung kommt.

Die Speläologen könnten unsere Kenntnisse über die verborgene und wahrscheinlich horizontale Zirkulation des Wassers erheblich erweitern. In Wirklichkeit wissen wir immer noch nicht, wie das Wasser zum Meer fließt, nachdem es in den Gletschermühlen hinabgestürzt ist. Dabei wären solche Informationen sehr wichtig für die Gletscherdynamik, sowohl für die Randzonen des Inlandeises wie für unsere Alpengletscher, denn die praktischen Auswirkungen (Fassung des Wassers für den Konsum oder für die Stromerzeugung) sind erheblich.

Verschiedene Eissorten: Messungen der Verformung in situ

Die Analyse der verschiedenen Eissorten an den Wänden ist von großem Interesse. Wir beschäftigen uns vor allem mit dem Ursprung des blauen Eises, das man bis heute mit aufeinanderfolgenden Gefriervorgängen in den Spalten in Zusammenhang bringt. Diese Forschungen führen wir in Zusammenarbeit mit dem Geological Survey von Grönland durch. Man möchte den Prozentanteil blauen Eises in den Bohrproben oder anders gesagt, die unterschiedliche Verteilung der Sauerstoffisotope kennen lernen.

Für kristallografische Untersuchungen am Rand der mehr oder minder zylinderförmigen Gletschermühle nehmen wir waagerechte Bohrproben. Anhand von Dünnschliffen kann man die Orientierung von Kristallen analysieren und dadurch Informationen über Entstehung und Verformung sammeln.

Die Proben der verschiedenen Eissorten von der Oberfläche bis in die Tiefe werden in dem Laboratoire de Glaciologie et Géophysique de l'Environnement

Morton, ein dänisches Mitglied der Expedition, entnimmt spinnwebartige Kryokonitablagerungen in einer kleinen Eisgalerie an der Oberfläche.

(LGGE) in Frankreich analysiert. Das Ziel ist es, die Natur und den Ursprung des blauen und des weißen Eises zu bestimmen. Man will auch die Prozentanteile der verschiedenen Eissorten im Inlandeis kennen lernen.

Was die Verformung eines Gletschers anbelangt, sind die Messungen der Hohlräume, wie sie von den Gletschermühlen gebildet werden, von größtem Interesse. Die entsprechenden Gesetze möchte man an Ort und Stelle erforschen. Im Labor kann man dabei aus naheliegenden Gründen immer nur Volumina von wenigen Litern untersuchen. Anhand der Gletschermühle bietet uns die Natur jedoch Dimensionen von 10 bis 30 Meter im Durchmesser an, und die Scherkräfte betragen zwischen 0 und etwa 10 Bar!

Im Sommer 1998 erlaubten es uns die Wetterbedingungen nicht, diese Messungen durchzuführen. Immerhin konnten wir das Funktionieren der entsprechenden Verfahren überprüfen.

In der nächsten Zeit werden wir von Ende September bis Ende Oktober einen ganzen Monat zur Verfügung haben und müssten dabei zu sehr guten Ergebnissen gelangen. Für diese Messungen an den Wänden der Gletschermühle brauchen wir allerdings die Hilfe der Glazionauten. Hier kann sich wieder das Motto vom »Sport im Dienst der Wissenschaft« bewähren, das sich in den vergangenen Jahren in der Zusammenarbeit zwischen Speläologen und Wissenschaftlern bereits bestätigt hat.

Man kann die Verformung des Eises an den Wänden der Gletschermühle, wenn sie sich nach dem Verschwinden des Wassers wieder schließt, im Labor auf keinen Fall simulieren, und selbst die Erforschung an Ort und Stelle ist absolutes Neuland. Die zu erwartenden Forschungsergebnisse werden von grundlegender Bedeutung für die gesamte Glaziologie sein. Parallel dazu werden wir auch Temperaturmessungen durchführen, denn es besteht ein Zusammenhang zwischen der Verformung und der Temperatur des Eises.

Die Feldforschungen umfassen folgende Punkte:

- Entnahme von Eisproben an der Oberfläche wie in der Tiefe zur Analyse der weißen und blauen Bänder;

Bei der Eisschmelze erschien ein Hundekadaver an der Oberfläche, der vor mehreren Jahrhunderten eingefroren worden war.

- Entnahme von 20 Proben in Tiefen von 0 bis 180 Meter zur Bestimmung der Natur der verschiedenen Eissorten sowie ihrer Herkunft;
- Erstellen der Kartografie der Gletschermühlenwand zur Erforschung des Prozentanteils der blauen Bänder, auch in der Gesamtmasse des Gletschers.

Aus Proben, die in einem 30 Kilometer breiten Gebiet am Rand des Inlandeises genommen und in Frankreich vom LGGE analysiert wurden, geht auch die Konzentration radioaktiver Elemente hervor. Zusätzlich zu diesen vorläufigen Ergebnissen könnte man – die nötigen Mittel vor allem für Hubschraubertransporte vorausgesetzt – die natürliche und anthropogene Radioaktivität in den schwarzen Kryokonitablagerungen untersuchen. Damit könnte man vom Zentrum bis zum Rand ein Archiv der radioaktiven Elemente im und auf dem Eis anlegen. Wenn man vom Rand bis zum Zentrum 500 Kilometer weit im Inneren alle 10 Kilometer eine Probe nähme, verfügte man über Material, dessen zeitliche Einordnung von heute bis zu einem Alter von 10 000 Jahren und mehr reichen würde. Damit gelänge es, die Rolle der natürlichen Radioaktivität über mehrere Jahrtausende hinweg und die Rolle der anthropogenen Radioaktivität im letzten Jahrhundert zu studieren.

Die Inlandeisprogramme beruhen auf der perfekten Zusammenarbeit zwischen den Sportlern und den Glazionauten einerseits und den Wissenschaftlern andererseits, den Glaziologen, den Biologen und den Biochemikern. Deren Fähigkeiten und Kenntnisse ergänzen sich dabei oft auf das Beste.

Bei diesen Expeditionen werden auch neue Methoden der Probenahme und Erforschung im Inneren von Gletschern ausprobiert. Die glaziologischen Forschungen, die seit 1989 im Rahmen der Inlandeis-Expeditionen stattfinden, haben uns gezeigt, dass die Hohlräume im grönländischen Eis noch ein hohes Potenzial in sich bergen.

Rückkehr zum Camp.

Dank

Wir danken ganz besonders allen Mitgliedern der Expeditionen: Claude Arié, Jean-Philippe Astruc, Serge Aviotte, Jacques Barthélémy, Jean-Marc Boivin, Michel Cadot, Thierry Carrere, Éric Christaens, Alain Couté, Karim Dahmane, Marc Delavière, Jean-Claude Dobrilla, Dany Domingo, Yann Druet, Philippe Duffieux, Mahmoud Dupont, Anette Grongaard, Samuel Keller, Maël Lamberton, Janine Lamberton, Patrick Lestriat, Sandra Mac Innes, Luc Moreau, Jean-Pierre Peigne, Kim Michael Petersen, Hans Christian Poulsen, Michel Raymond, Louis Reynaud, Cécile Sauthier, Diane und Marc Tremblay, Jim de La Tour, Fred Vergier, Michael Vogeley, Arnaud de Wildemberg.

Serge Aviotte und Jacques Barthélémy zeigten bei allen Anforderungen im Zusammenhang mit den Fotografien eine exemplarische Freundlichkeit, eine große Begeisterungsfähigkeit sowie unendliche Geduld. Ein besonderer Dank geht an die beiden, ebenso an Arnaud de Wildemberg für seine Ratschläge.

Die Expeditionen der letzten zehn Jahre wären nicht möglich gewesen ohne die finanzielle Hilfe der folgenden Firmen oder Institutionen: Atochem, Bellon, Carita, Cofriset, Copeland, Danfoss, Dehon, Département Drôme, Greenlandfly, Honda, Lafuma, Le froid, Millet, No Limits, North Face, Régis Quelin, Rhone Poulenc/Aventis, Sector, Umweltministerium und Zodiac.

Ein Dankeschön auch an all jene, die uns in irgendeiner Weise behilflich waren: Françoise und Michel Buntz (Éditions Pêcheur d'images), Jean-François Chaix, Hanne Christoffersen (Greenlandair), Uno Fleisher, Catherine Guigon, Suzanne Gunnersen (Greenlandair), Nathalie Hoizey, Eidi Johansson, Margot Klinsporn, Heidi Lamberton, Isabelle Lechenet, Véronique Linares, Iris Madsen (Danish Polar Center), Frederic Neema, Najara Panula, Françoise Le Roch, Diane Sacco, Silver Scivoli (Arctic Adventure), Masako Sakata, Franca Speranza, Henrik Hojmark Thomsen (Danish Polar Center), Laurence Zavatta (SAS).
Viele Fotografien in diesemn Buch wurden für Magazine aufgenommen. In diesem Zusammenhang danken wir Pascal Bessaoud und Yan Méot vom *Figaro*, Sylvie Rebbot und Jean-Luc Marty von *Géo France*, Ruth Eichhorn und Peter Matthias Gaede von *Geo Deutschland*, Didier Rapaud und Guillaume Clavières von *Paris-Match* sowie Frédérique D'Anglejean von VSD.

Danke auch den Piloten von Luftschiffen, Flugzeugen und Hubschraubern für die Luftaufnahmen: Dany Cleyet Marel, Yens Larsen, Per Petersen sowie dem Aeroclub Kangerlussuaq.

Philippe Bourseiller möchte seinen Partnern für ihre Treue danken:
Marc Héraud und Bruno Baudry von der Firma Fuji Film. Alle Fotos in diesem Buch wurden mit Filmen Fujichrome Velvia (50 ASA) aufgenommen.
Gero Furchheim und Gaëlle Guoinguené von der Firma Leica. Philippe verwendete die Apparate Leica R6 2 und R8 sowie die entsprechenden Objektive mit einer Brennweite von 19 bis 280 mm. Sie haben sich angesichts der extremen Bedingungen und der eisigen Temperaturen in der Arktis hervorragend bewährt.
Denis Cuisy von Rush Labo.

Wir möchten vor allem unserem Verleger, Hervé de La Martinière, sowie Benoît Nacci für ihre Unterstützung und ihre Treue danken. Unser besonderer Dank geht auch an das Team, das dieses Buch gestaltet hat: Cécile, Céline, Marie-Hélène, Nathalie, Sophie, Valérie und Willy.

Ein großer Dank geht schließlich an Richard Lippman, Georges Plot und das Team von Quadrilaser für ihre Geduld bei der Reproduktion der Bilder sowie an die Mannschaft der Druckerei Syl in Barcelona.

Alle Fotos in diesem Buch stammen von Philippe Bourseiller mit Ausnahme der folgenden:
Seiten 26, 28, 84 von Arnaud de Wildemberg, Seite 93 von Michèle Dumont, Seite 97 von Alain Couté,
Seiten 178 und 191 von Jean-Philippe Astruc.

Die Fotos in diesem Buch stehen allen Interessierten zur Verfügung. Kontaktaufnahme über die Website
www.bourseiller.com

Copyright © Editions de La Martinière, 2002

Die französische Originalausgabe mit dem Titel »Voyages dans les glaces« erschien bei Editions de La Martinière, Paris.

Bibliografische Information Der Deutschen Bibliothek
Die Deutsche Bibliothek verzeichnet diese Publikation in der Deutschen Nationalbibliografie; detaillierte bibliografische Daten sind im Internet über »http://dnb.ddb.de« abrufbar.

1. Auflage
ISBN 3-7688-1488-2
Die Rechte für die deutsche Ausgabe liegen beim Verlag
Delius, Klasing & Co. KG, Bielefeld

Aus dem Französischen von Dr. Marcus Würmli
Fotos: Philippe Bourseiller, außer: Arnaud de Wildemberg (S. 26, 28, 84), Michèle Dumont (S. 93), Alain Couté (S. 97), Jean-Philippe Astruc (S. 178, 191)
Layout: Benoit Nacci, Valérie Roland
Schutzumschlaggestaltung: Ekkehard Schonart
Printed in Spain 2003

Alle Rechte vorbehalten! Ohne ausdrückliche Erlaubnis des Verlages darf das Werk, auch nicht Teile daraus, weder reproduziert, übertragen noch kopiert werden, wie z. B. manuell oder mithilfe elektronischer und mechanischer Systeme inklusive Fotokopieren, Bandaufzeichnung und Datenspeicherung.

Delius Klasing Verlag, Siekerwall 21, D - 33602 Bielefeld
Tel.: 0521/559-0, Fax: 0521/559-115
e-mail: info@delius-klasing.de
www.delius-klasing.de

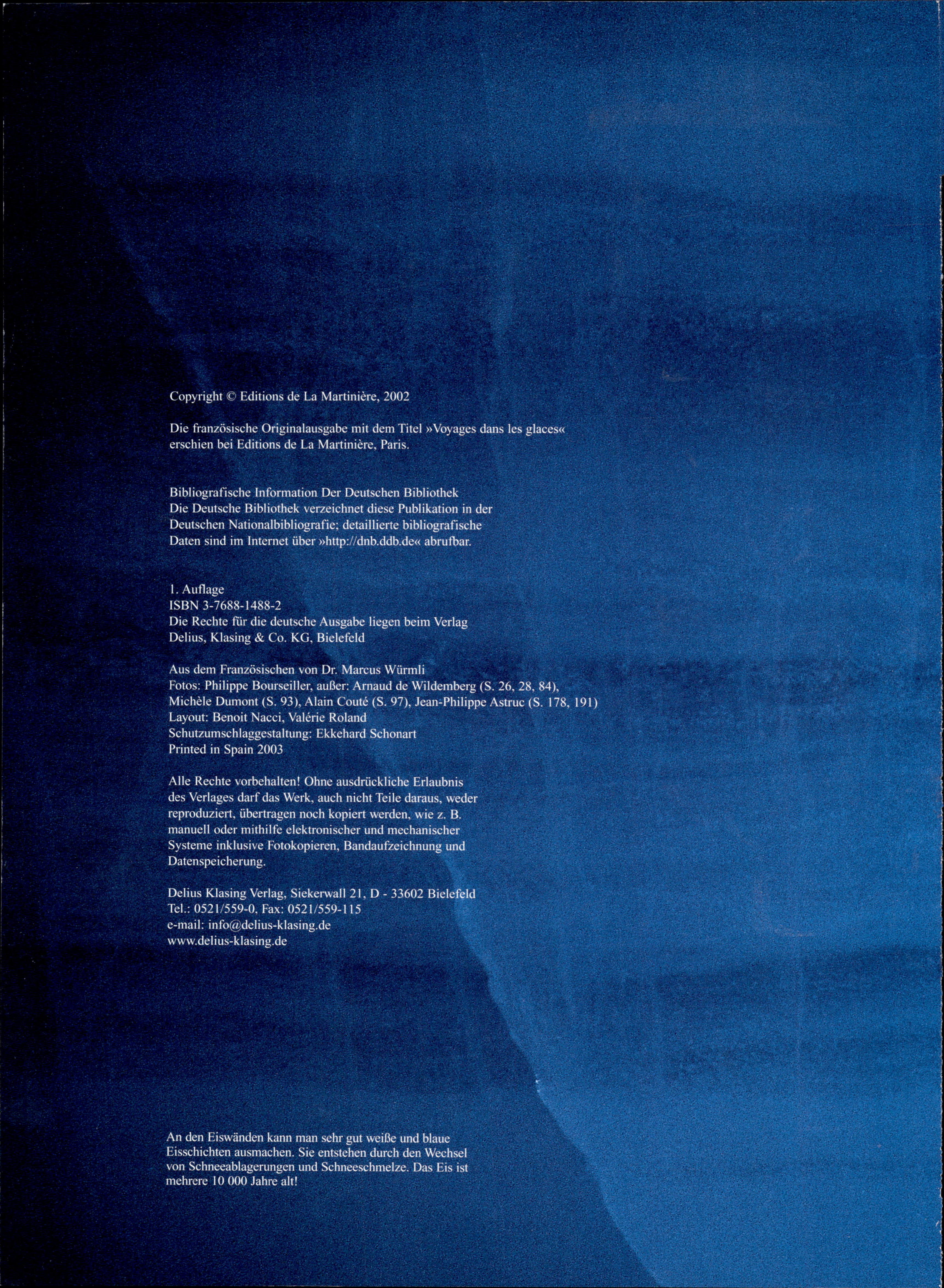

An den Eiswänden kann man sehr gut weiße und blaue Eisschichten ausmachen. Sie entstehen durch den Wechsel von Schneeablagerungen und Schneeschmelze. Das Eis ist mehrere 10 000 Jahre alt!